點燃光明燈

謝伯峯　編著

序　言

人的一生，註定要經歷很多「道路」，道路上有淚水、有笑聲；有失敗、有成功。一個人是否富有，視乎他是什麼，而不在乎他有什麼。

「我怎麼這麼沒用，什麼事都做不好……」，你是否經常陷入負面循環，並對於這樣的自己感到羞愧和自責。

藍迪・潘寧頓所著《世界一直在變，領導者該做的事》一書中說：「從『過去的感受』這種消極的態度來看待現在，並無助於我們採取主動、負責任的態度，來回應今天的事情。」

世界上最可貴的是認真、堅持，認真的人改變了自己，堅持的人改變了命運。你可以不用試著去改變想法，而是練習去改變「你」和「想法」之間的關係。凡事只要心靈轉個彎，悲觀變樂觀；心念轉個彎，討厭變喜歡。「看清現實，從中釐清轉機」，這不是一種心靈自我安慰，而是一套解決問題的方法。

培根說：「經驗是從痛苦中煉出的精華。」生活本不苦，苦的是人們慾望過多；人心本不累，累的是放不下的太多。有道是心寬一寸，路寬一丈，若不是心寬似海，哪有人生風平浪靜。

人再成功也別迷失自己，錢永遠賺不完，工作也做不完。心地光明，才能燃亮未來的路。波蘭女詩人說：「我是我自己的障礙。」除了自己，沒有東西能成為你選擇生活的障礙。

不義之財永不能值回它的代價；而一顆良心的支付，永不能比得上它的真價值。一件善行永不會枉費，播散殷勤的種子，將可收割友誼，種下善因，將收愛果。

懂得生活的人，往往會把人生的時光都雕刻得精彩而有韻味。人生如夢，夢如人生，人生每段路都是一種領悟，人生的意義就是對自己的生存與發展選擇方式及方向，不一樣的選擇有不一樣的結果。

「光明燈」，是一種民間信仰行為，又稱平安燈，燈是元神的象徵，佛經中以「燈」象徵光明、智慧如光。是宗教中祈福用的燈具，有祈福、「照耀前途」的意義。

人生沒有太晚的開始，人生路不必慌張，不必虛飾，在哪裡跌倒，就從哪裡爬起來。別害怕別人怎麼看你，只要無怨無悔，黃金時代正在我面前，不要老想在我背後。起心動念各不相同，如果你能踏踏實實做事，自會得受善果，遠離惡報，迎來屬於自己的一盞光明燈。

本書即是由社會百態中，明察秋毫，給人希望，給人方向，給人自信，給人智慧，進而啟發自我，改變自我的最好借鏡。

點燃光明燈

6

目錄

善心美德

《太上感應篇》說：「積德累功，慈心於物。」就是要我們力行好事，積存自己內在的道德，也累積幫助他人的事功，心存慈悲，珍惜愛護天地所生的萬物。

今天社會上有很多善良的人，在那兒默默行善。他們捐獻金錢，犧牲時間，深入孤兒院，深入救濟院，深入貧窮的社區，盡一己棉力，服大眾勞務，少數人經傳播工具宣揚後，受到社會輿論熱烈的推崇與讚賞，其實這個社會上處處都有這種動人的故事，只是他們未經發掘出來而已。

善與美是一體之兩面，一個多做善事的人，總會獲得很美的報應。古詩云：「曾聞陰德可回天，古往今來效灼然。奉勸世人行好事，到頭原是自周全。」

一個有內在美的人，他們會處處為別人著想，事事關心別人，他們並不奢求獲得什麼補償，然而，許多善果會自然地在他們面前得到豐收。

有一個林姓女孩子，卅一歲時候還沒有出嫁，家人為她焦急得很，但她不慌不忙地利用假日前往各慈善機構作義務服務，這樣連續做了一年半。

有一天這個服務團體來了一位四十多歲的男士，外表平平，但卻是充滿愛心的善良人，他的工作熱忱立刻受到別人的注意，林女也在工作關係中和他建立了很深的感情，他們由於志同道合，相互切磋，終於譜起了「大叔」戀曲，經過這種意外的鼓舞，使林女對這項工作更奠定了堅定的信心。

善心和美德顯然是相互呼應的事情，唯有善心的人，才能表現出高貴的美德，唯有美德的人，才能獲得意想不到的酬勞。今天有許多女性，在餘暇時簡直不知道該做些什麼，因此，往往把自己囚禁斗室，過著胡思消沉的日子。生命的意義本來是具有多重的價值，別人能夠做的事情，妳為什麼不能做？如果妳能夠像林女那樣，也許有一天妳比她收穫更大。

《准南子．人間訓》說：「積愛成福，積怨成禍。」人類禍福無常，命運吉凶難卜，今天妳造福別人，安知來日不是別人回饋報答的時候，與其終日過著索然無味的生活，不如振作起來做一些有意義的事情。

世上有很多可憐的老人和孩子，他們迫切地需要溫暖，妳的愛心可能就是他最好感情創傷的治療劑。

人生的第一要務是學做人，那就是盡心、盡力、盡責、盡份。當妳決定做一件事情時，不能太衝動，也不要太盲目，妳必須先對這件事情的來龍去脈有深刻的認識，然後，經決定之後絕不反悔，而且要持之有恆。

做慈善工作不是在表現自己，而是充實自己心靈的美感，西方有句名言：「心靈充滿美感的人，她的臉上就會綻露著喜悅的光澤！」

用慚愧的心看自己，用感恩的心看世界。自求心安就有平安，關懷他人就有幸福。在安定和諧中，把握精彩的今天，走出新鮮的明天。

才大財多均非福

《出曜經》說：「慧離諸淵，如風卻雲，已滅思想，是為慧見。」好比風能驅散烏雲一樣，智慧可使人擺脫各種世俗雜念的纏繞，從而變得更聰明。

常聽人說「才大招嫉，財多惹禍」，以前聽完這句話，會從不同角落作不同反應，現在只有一個堅定的信念——「有道理」。

轟動一時的香港地產巨商王德輝遭人綁架，勒贖美金一千萬鉅款，已成為世界性焦點新聞。香港其他三名工商業鉅子也先後遭殃，手法都是越界取款，又製造了綁票的新招數，使得人心惶恐，有錢的人更是寢蓆難安。

記得，當年美國歌壇貓王普里斯萊去世時，繼承財產的獨生女兒，馬上受到嚴密的保護，一切行動頓失自由，表面上她是未來的富婆，實質上她成了最沒有個人私生活的人，錢對她來說，只是一種累贅，那算享受。

至於才大的人，輕則「讒夫毀士」、重則「慘罹死難」，韓非才大、李斯殺之，李斯才大，趙高殺之；岳飛才大，秦檜殺之。故才大的人，容易成為眾人中傷的靶心。才大者多喜歡自我表現，像李白和孟子可謂中國歷史上罕有的奇才，因為他們都愛炫耀自大，致遭部分文士的非難。李白在論詩中說道：「梁陳以來，豔薄斯極，收復古道，非我而誰！」孟子回答充虞時亦表示：「如欲平治天下！當今之世，捨我其誰。」前者是「非我其誰」，後者是「捨我其誰」語氣相若，狂妄相同，所以在政治舞台上都是成就不大的人。

劉向《說苑・敬慎》：「雖智必質，然後辯之；雖能必讓，然後為之。」就是雖然很聰明，也要當做是質樸，然後去理明事理；雖然有才能，也要謙遜，然後才能去做事。「才大」與「財多」，本來是兩樁好事，但有時會變成意外的災難，一個人要懂得「全身遠害」和「韜光養德」的道理，他才會在人生旅途上渡過快樂的時光。

如今，社會上「才大」和「財多」的人為數不少，而那些不肖之徒卻特別看得心眼通紅，每有覬覦之心，就會鋌而走險，致製造許多無辜的犧牲者，為著安定整個社會的治安，奉勸諸君最好能藏拙些。

路邊猶有未歸人

《莊子．天地》：「天道之與人道也，相去遠矣，不可不察也。」支配一切的自然法則與人類的生活方式有很大的差別，這是必須要看到的。違反自然法則，盲目蠻幹，其結果是害人害己，無益於社會。

某寒冬深夜，偶路過西門町，發現路旁還有一些「太字號」年輕人在那兒「浪蕩」，我不禁心有「戚戚焉」，還加「茫茫然」。返程時，沿途思索，終於被我找出這些年輕人「夜不歸營」的原因：

家長的「放任主義」：少數家長太過民主，對子女採取絕對放任態度，把子女的自我約束能力，估評過高，他們並不一定自己太忙，只是掉以輕心，直到事態嚴重時，才開始心慌意亂，自怨自艾，他們不是壞父母，實在是對子女關懷與愛心不夠。

社會的「自由風氣」：近代社會到處瀰漫自由氣氛，大家開口談「自由」，閉口也論「自由」，自由成為時髦字眼，更不幸成為一種藉口或擋箭牌。不錯，遠在希臘時代，雖然人類已在追求理智的與宗教的自由空氣，但絕不像現代一樣過分誇張的享受，尤其這些思想和感情均未臻成熟的孩子，常常因為太多的自由，而沉溺在一種奔放無羈的生活型態裏，這不是福，而是禍。

個人的「享樂原則」：青少年目光淺短，有酒今朝醉，甚少積極的人生態度，一切都循「享樂原則」進行，因此，在社會聲色酒肉的誘引下，可以不顧任何後果地往陷阱挺進，當他一旦誤蹈法網時，可能一時後悔，事後又依然故我，結局是自我損毀或自我貶值。

柳宗元《天說》：「功者自功，禍者自禍。」人的功勞是自己建立的，禍患也是自己招來的。在這五光十色的社會裏，的確有太多吸引年輕人迷戀的地方，年輕人深夜在街頭上浪蕩已經不單是治安機構的責任，應該是社會上每一個人共同的責任，時值寒冬，冷風襲人，為什麼他們還不想回家？

請大家告訴大家，請大家注意大家。漫漫長夜無夢春宵短，茫茫苦海有船彼岸近。

在錢堆裏打滾的人

《佛所行贊》卷一：「謂水能滅火，火令水煎消。」事物常常具有相對性，相輔相成，相剋相生，好比水可滅火，而火也可以把器皿中的水燒乾一樣。

在金融界服務的人，每天都看到很多很多鈔票，但是這些錢最後都不屬於他自己的，因此，他們常自嘲為「過路財神」。

錢是一種刺激物，數量愈大，刺激性也增強，儘管窮人和富人對貨幣價值觀念不同。然而，誰都不能否認「錢」是一種很有誘惑性的東西。

整天與錢為伍的人，沒有別人想像的那樣幸福，有人被錢蒙蔽了理智，有人被錢毀傷了心靈，有人被錢埋葬了生命，最可憐的，有人因為錢而過著自我虐待的長期恐懼症的生活。

沒有錢的人，會鋌而走險；有錢的人，也會鋌而走險。很多人，一生看不到幾個錢，倒也心安理得。那些天天看到大把鈔票的人，一旦「錢慾」大作，可能就蠻幹一番，結果被錢打倒，為錢煎熬一生。

《省心錄》：「功名官爵，貨財聲色，皆謂之欲，俱可以殺身。」就以商場風險來說，那些富紳巨賈，那天不在那兒動錢的腦筋，動得對勁，也許鈔票就滾滾而來，動得不對，說不定從此打入萬劫不復的慘境。

一個沒有錢的人，他的胃口比較小，縱使有壞心眼，其犯罪的動機和手法總比較單純化。一些錢看多的人，心貪志大，他不動歪腦筋還好，倘若走火入魔，其危險性就更具威脅力，安貧的人，不一定有福，但安貧的人，能萬慮皆空。有錢的人，卻萬慮奔競。

世上最痛苦的人，是整天見錢眼開，而錢又非己有的人，他想錢想得要死，最後真的死在錢堆裏，有如恩特懷比所說：「被錢牽著鼻子走的人，他也會被錢牽進墳土裏。」

所以錢創造了幸福世界，極樂世界，花花世界，也創造了恐怖世界。每天在錢堆打滾的人，應該勇敢地走出錢堆，至少不要成為錢的俘虜。

認清世間一切現象都是無常的事實，就能得到內心世界的真正平安。

世事沉思

《莊子・大宗師》：「不忘其所始，不求其所終。受而喜之，忘而復之。」就是不要忘記人生從那裡開始，不去追求其止之時。在各種環境下都能樂觀處之，拋棄世俗的認識，熱愛生命，熱愛生活，才能使有限的人生過得更充實。

在浩瀚人海裏，在紛紜社會上，每天都可能發生一些不被注意的小事，但這些小事很有人情味，更有啟示性，值得我們沉思警惕。

西螺鎮一位廖姓少女，就讀靜宜文理學院，有一天搭乘公共汽車，在車上看到一位老者無位可坐，她以一顆敬老尊賢的善心，自動讓位給這位老先生坐，致使在場的陳老先生長子深為感動，經相互交談之後，彼此均留下良好印象，嗣後經過幾個月視訊往返，感情日增，終於結成連理。

讓坐本是一件小事，因為讓坐而牽上紅線，這就由小事變成大事，這位廖姓少女無意插柳，沒有想到柳卻成蔭，這正是行善而得善報的結果。今天公車、捷運上，多少年輕力壯的青少年，大模大樣地坐在椅上，縱令身旁站著一位大腹便便的孕婦，他也無動於衷的。如果他們讀到這則訊息，不知道會有什麼感想？

異族通婚，原亦常事，不幸有些新女性，過分崇洋，不分黑白，不明底細，就糊糊塗塗嫁給老外，最後吃虧上當，徒留別人一椿悲劇式的笑柄。據報載，法院經常要處理這種案件，最可恨的是這些「洋逃夫」早已溜之大吉，如何打無主官司，使法官大感頭痛，身為大漢民族的兒女，能不自我覺醒嗎？

經濟罪犯楊谷村，遠在數十年前，詐騙了客戶鉅款後潛逃至日本，因為做了虧心事，在橫濱不敢隨意投資，終至坐食山空，後來買了一本日本護照，當起導遊工作，不料返回台灣時，被警方破獲逮捕。按楊犯被捕有三大無知的不可恕：第一是騙人錢財，還敢大搖大擺地出現，第二是鉅款在身，卻不懂得有效利用，第三是距追訴時效僅差五個月，竟無法逃過，可見毫無基本的法律常識。

我們深信，欺人者必自欺，害人者實自害，佛家所謂「禍福無門，惟人自召」，這就是「天理昭彰，報應不爽」的真理。以上三事，足夠我們舉一反三地聯想到很多事情，我們必須懂得追求真理，才能獲得真理。

三角糾紛

《弘明集》：「事嘗共見者，可說以實，一人見一人不見者，難與誠言也。」人們事所共見，可以稱之為真，個人所見難免偏頗。說明人不可固執己見。

前幾天，乘坐公車回家，途經轉彎口時候，值勤警察把車子攔下，站在公車左側，與司機先生因見解不同而發生爭執，警察聲音很大，司機先生也大，彼此堅持了五、六分鐘還得不到結論，車上乘客大為光火，有一位先生乾脆走到駕駛座旁邊，大聲吼叫：「你們吵什麼？不要耽誤我們時間。」警察見狀，知道眾怒難犯，只好哈哈大笑地引退，當車子發動時，這位先生又對司機喋喋不休：「你怎麼這樣不會處理事情，簡單解釋一下不就得了！」

司機似乎有滿肚子苦水，既抱怨警察，又不滿這位乘客的「譏諷」，一邊駕駛，一邊回過頭來衝著這位乘客表示他的意見和苦衷，這位乘客竟得理不讓人亂嚷：「你這個司機，怎麼一點容忍功夫都沒有？吵吵鬧鬧能解決問題嗎？」這時乘客和司機，你說一句，我還一句，越說越動火，最後司機幾乎拿車子出氣，亂踩油門，車身猛烈震動，由於涉及安全問題，致使全車乘客群起指責和喝阻，一時聲浪四起，情勢緊張，才把司機壓抑下來，司機怒氣難平，一路自怨自艾，我總算在有驚無險的過程中如站下車，回想起來，別有一番滋味在心頭。

這次糾紛，依我冷眼旁觀，警察沒錯，司機沒錯，乘客也沒錯，最值得玩味的，是那位勸人要忍的乘客先生，他責備別人涵養不好。其實，最沒有涵養的是他自己，倘若他是一個善於自省的人，一定會啞然失笑的。

《韓非子．解老》：「德則無德，不德則有德。」我們不要單顧自己的事，也要顧別人的事。拉斯金也認為不要光批評別人缺點，也許自己就犯同樣毛病。世上有很多人勸別人要心平氣和，自己卻性急如火；勸別人要千忍萬忍，自己卻只能小忍而不能大忍。人類個個都像相士，替別人命算得好好的，而自己卻死於非命。人類個個也像醫生，替別人病醫得好好的，而自己卻藥到命除。

像上面所提到的那位乘客，也許他回家時還會得意洋洋地向家人吹噓一番，這本來就是社會眾生相，沒有他們，說不定社會顯得更為冷清與寂寞。

人倫悲劇

《大乘方廣總持經》：「不為邪淫之人而說。」我們不能替道德敗壞的人開脫罪責。是非要分明，才能弘揚正義。

曹丕想傷害弟弟曹植，要他吟詩賦志，莊公想迫害弟弟公叔段，故意激他叛亂。古代身為君主的人，心雖狠毒，但手段仍很溫和，不像現代人，無所不用其極，陰賊險詐，鬼神共憤。

前埔里鎮三死四中毒命案，已查證係舊仇新恨的鬩牆慘劇，而且命案的主因係由「分產不均」所致。也許他們讀書不多，沒有看過吳叔庠所寫的那篇「人不如木」短文，該文大意是說在京兆地方有三位田姓兄弟共同商議分家時，決定連堂屋前一株紫荊樹也砍成三段，各取一段，不料那株樹突然枯死了，長兄終於領悟到其中道理，對他的二個弟弟說：「樹本同株，聞將分砍，所以憔悴，是人不如木也。」不錯，本來萬物均有靈性，人既為萬物之首，應該更具靈性，如果僅僅為了一點細故，就做出傷天害理的罪孽，豈不有違人性和天道？

新聞報導令人感傷的消息，像「保全界李宗瑞」羅育祥性侵2少女案，其母聞訊，老淚縱橫，情何以堪，有子如此，如何面對社會。

數十年前歹徒李順德槍殺刑警楊本謨，在老父勸說下，始和盤招認，並伏在老父懷裏嚎啕大哭，使老父神情呆漠，五內崩焚。這些年輕人，自己犯罪不算，還累及父母，詩經上說得很清楚，父母恩情「昊天罔極」，難道他們一點都不知道報恩的道理？

二〇一九年七月，嘉義發生逃票者刺死鐵路警察李承翰的案件。後經嘉義地方法院以鄭再田無辨識違法能力，一審判決無罪；二審則認定辨識力及控制力未完全喪失，改判刑十七年，監護五年，案經最高法院駁回上訴，全案定讞。

人類最大的無知，是闖禍時不曾考慮到事態的嚴重性；人類最大的愚昧，是將生命作毫無價值的投資。以上幾樁刑案，都可以看出犯人的無知和愚昧，他們只想到暫時的收穫，沒有預估到永久的付出，聖經啟示我們：「看得見的是暫時的，看不見的是永久的。」人真正追求的，就是那看不見的永久。

好人與好事

《佛行所贊》卷一：「為何勝德色，修習與苦行。」要我們長期注意思想修養，嚴於律己，才能有高尚的品德，這需要用一生的行為來證明。

世上善人可粗分為兩大類：一類為「隱善」的善人，一類是「揚善」的善人。前者是做了很多的善事，卻「為善不欲人知」，後者是做了一點的善事，卻鑼鼓喧天地「自我宣揚」，所以，前者是真善，後者是偽善；前者是純真至美的善，後者是沽名釣譽的善。世上好人的確很多，不過，那種偽裝的慈善家也大有人在。每到競選期間，就有不少候選人標榜「好人」的招牌，大做歌功頌德的文章，倘若因為競選就不擇手段地醜化好人形象，那就是愚不可及的事情。

好人——應該讓別人來講，如果逢人就說自己是好人，這種好人大概也好不到那裏去！從哲學觀點來看，善的實質可有兩派學說，一為動機說、一為結果說，但是，在一般世俗的觀念中，咸認動機的純正和行動的結果，是兩者不可缺一的行善重要準則，所以道德的理想價值，就是善的價值。

詹姆士倡導的淑世觀，就強調人類應該著重實踐奮鬥，以便抑制罪惡，減輕痛苦，共同向善的理想途徑邁進，以逐漸創造美的社會生活。

當然，創造這種美的社會，需要集合眾多「善的動機」和「善的結果」。假若這些善的行為還充滿了惡的意念，那麼，這個美的社會裏自然也隱藏著醜的陰影，這是很值得我們注意的重點。

有人形容競選期間是八仙過海，各顯神通，因此，智者充分發揮了他的才華，愚者充分顯露了他的醜態。不少侯選人竟隨心所欲地寫出一系列政見和理想抱負，還列舉一大堆急公好義的事蹟，似乎世界上只有他這麼一個好人，也只有他這麼一個好人才能做盡世界上所有的好事，這種誇大的喧染，幾近烏托邦主義的色彩，其實不如簡簡單單的幾條，來得平實可愛。

《孟子．離婁下》：「大人者，不失其赤子之心者也。」有德行的人便是能保持那種嬰兒的天真純樸之心的人。台灣各項競選仍將持續舉辦，因此，我們必須細心體認：競選是一門藝術，它應該包含著理性、至誠和真實感。

高處不勝寒

《妙法蓮華經》卷七：「弘誓深如海，歷劫不思議。」人要忠實於自己理想和莊嚴的誓言，不因環境的變化、處境的陰惡而改變志向。

昨晚，溫度驟降，朋友約我到他家小聚，他家居大廈十六樓，推窗遠眺，寒風撲面，大家都不約而同地驚嘆：「啊！今晚好冷喲！」這時我恍然領悟到「瓊樓玉宇，高處不勝寒」的哲理。

一個人站在平地仰視高樓大廈，不免產生一股渴望與嚮往的情懷，當你真住在高高的頂樓時，您就會發現樓高的危險性，心理學家都一致同意，人類莫不強烈需要安全感，缺乏安全感的居所，再好，也包含著極大的心理威脅，這大概就是人類最顯著的矛盾心態。

社會上普遍存在著一種怪現象，住久大廈的人，就樂於遷居別墅，住在別墅的人，最愛談當年住在寬敞平房的風光。其實，他不是向您抱怨，他只是在敘述一段湮沒已久的得意往事，當年尚且如此體面，今天又怎能不滿室春風？

住在高樓，有很多優點，但也有不少愁煩，猶如人入垂暮，心境就陷入「一覺年華春夢促，往事悠悠，百種尋思足」的淒迷感，一個人經歷會增添經驗，但也能給您新的體認，沒有最好的故事，能讓您陶醉一生。

每到競選期間，熱衷政治的朋友，都忙著展開劇烈活動，他們希望在政治舞台上，也能層層上升，他們不是「空降部隊」，而是「太空人」，也許他們只撿到一塊「政治岩石」，但是他們已經很滿足，他們自認已住在「廣寒宮」門口，縱使凍得渾身抖索，他們已過足「政治癮」，他們從不考慮「高處不勝寒」的奧理。奉勸「癡迷者」，不義而富且貴，當如浮雲。

人作為思維的主體，主宰著一切有和無，所以人產生的一切煩惱，都來自於人的自身。世間的一切所有都是空無的，人們不應該執著於這些空無的有。

近日金風瑟瑟，隆寒逼人，但願能平撫一些人激動的情緒，喚醒一些人凍結的心思，使他們知道萬物沒有無缺點的存在，「是非成敗轉頭空」，何苦要爭著爬到樓頂去受寒讒呢？

「多話」與「多笑」

《五燈全書》卷一百七：「黃金自有黃金價，終不和沙賣與人。」世上珍貴的東西終究不會和廉價的東西相提並論的，魚目豈能混珠。凡事要經得起檢驗。

愛出風頭的人，不一定他有過人的條件。愛說話的人，也不表示他很會說話。喜歡出風頭又愛說話的人，他一有機會絕不放棄任何說話的機會，假如沒有機會他也會製造機會說話。這種天生好說型的人物，他有時候話說得很得體，有時卻出奇的離譜，在毀譽參半的情況下，往往留給別人得不償失的反應。

墨子說：「蝦蟆蛙蠅，日夜恆鳴，口乾舌擗，然而不聽。今觀晨雞，時夜而鳴，天下振動。多言合益？唯其言之時也。」話多既然有害，難怪許多人就開始擺出沉默姿態，因為他們都知道——「沉默是金」。沉默真的是金嗎？依據仁生（J. V. Jensen）剖析，沉默能發揮多種作用：（一）雙關作用、（二）感染作用、（三）表達作用、（四）判斷作用、（五）活動作用。沉默雖然可以產生這樣多作用，可是過份的沉默也足以堵塞彼此感情的溝通。

「話多」固然無益，那麼，「笑多」是否有害呢？

以前社會大力推行「微笑運動」，大家公認微笑有助工作的進展，因此，很多不喜歡笑的人，居然也大笑特笑起來。笑的種類太多，微笑是最美的一種，有人裝模作樣的笑，不但不能增加別人好感，甚至導致反作用的效果。

舉例說，有一次參加一個很嚴肅的檢討會，有一位女士在主席報告一件事情之後，她竟然跟鄰座男士哈哈大笑起來，主席當時斷然地提醒，請她遵守會議的秩序，使全場人士都感到很尷尬，而這位女士當然更為羞愧。笑應該是一份發自真情的自然流露，也是調適生活的滑潤劑，不過，笑要笑得其時，也要笑得其所，更重要的不要在不當笑時大笑，當笑時又呆若木雞，每天多笑儘管有益健康，但任意亂笑豈不有損尊嚴，做人很難，這些地方都是值得探究的學問。

「多話」與「多笑」，都不是不好，但卻有它的不妥，這兩者最好均能作適度的節制，成功的人，就懂得其中的奧理，舒展運如，妙用無阻，而發揮他高人一籌的才情。

別太挑剔

《大乘方廣總持經》卷一：「於其中間所言所說皆悉真實無有虛妄。」就是要我們說話要擺事實、講道理，不講違背之言，不講虛妄之言。

英國名作家阿狄遜（J addison）說過一則故事：有一位好好紳士，娶有妻妾二人，妻子不喜歡他的黑髮，妾不喜歡他的白髮，結果拔來拔去，最後成為寸髮不留的大光頭。

這則故事使我聯想起自己有一次到理髮廳理髮，隔坐上有一銀髮族，請理髮小姐幫他把白髮拔掉，理髮小姐拔了二、三根後建議，乾脆把黑髮拔掉，他不解地問：「為什麼？」她慢條斯理回答：「您全頭只剩黑髮數十根啊！」

人人愛美，有髮可拔，尚堪告慰，無髮可理，哀莫大焉。每個人優點本來就不太多了，如果這個優點不被採認，那個優點也不被重視，那麼，他可能成為一個毫無優點的人。

一位作家朋友，對別人文章素愛批評，有一次他看到一篇名家作品，他說那篇文章上半段不夠精彩，下半段又太鬆散，只有中間一小段還差強人意。他確有資格把別人文章批評得一文不值，不過，他忽略了那篇文章的優點就可能足以彌補它的缺陷，就像一個人的優缺點是交替發生作用一樣。

聖嚴法師說：「如果心量狹小又貪得無厭，縱然生活富裕，仍然不會快樂生活。」社會上有不少人只會批評，從不去建設，他對於國家、社團，以及所接觸的任何事物，都有不同的看法和指責，在他眼中，絕對沒有完美的東西。

有人上館子，會批評味道欠佳，上旅館，會批評設備太差，對國家和社會的一切建設，他也能批評得體無完膚。有一位計程車司機就發牢騷：「我們政府太差，為什麼不趕快多闢公園？為什麼不多蓋社會住宅？為什麼不管制車輛？為什麼不停收過路費？」他一連串的為什麼，不但沒有贏得他人的同情，反而使人對他產生惡劣的印象。今天社會上只問別人為什麼，不問自己為什麼的人太多，因此阻塞了社會的進步，造成了社會的硬化。印度聖雄甘地認為個人好處，是包括在眾人的好處裏面，所以我們挑剔別人之前，最好先挑剔自己。

平等待遇

《佛所行贊》卷一：「莫如秋霜花，雖敷而無實。」做人應當踏踏實實，不要像秋霜結成的冰花那樣遇熱即化，經不起任何考驗。

同學聚餐，席間幾位學養和成就都比我棒，只有頭上白髮跟我難分軒輊，使我益信杜甫所體驗出來的人生哲理：「公道世間惟白髮，貴人頭上不曾饒。」

白髮長在頭上，每個人觀察角度不同，故評價難歸一致，有人勸我把白髮染黑，有人揶揄我白髮增添「風光」，我都無動於衷，因為每當我攬鏡顧盼時，總會憑添不少自我的警惕。

一匹野馬，容易闖禍；一個感情奔放的人，也難懸崖勒馬。白髮是一具警示燈，能夠提醒個人的自省與注意力，我愛白髮，我常用白髮來羈束自己衝動的思潮與情愫。

白髮生長原因甚多，個人認為重要因素有五點，第一是遺傳，有人天生會長白髮，代代有白髮，白髮成為他們「世代商標」。第二是體質，有人身體結構與人不同，不但會長白髮，而且越長越茂密。第三是突變，有人因受意外刺激，或身心慘遭嚴重打擊，可以在一夜之間滿頭皆白。尤其愁緒像三千丈白髮時，您想白髮豈會不像三千丈愁絲一樣叢茁而出？第四是用腦過度，喜歡用腦的人不免會損傷腦神經細胞、腦部受到太多衝擊和虛耗，自然會長出許多使人心煩的白髮，難怪一般不耐寂寞的人，往往望髮興嘆。第五是衰老，歲月不饒人，白髮是老態的徵兆，無須隱藏，更無法隱瞞，人因一頭華髮，始知老之將至。

上天有好生之德，萬物的成長都一視同仁，白髮可以在我頭上長出，也可以在您頭上長出，世間本來就是一個真平等的天地，可惜有些人在那兒搬弄是非，硬把它加上人為不平等的枷鎖，致造成社會許多複雜的糾紛面，我們應該善用上帝給予我們的資產和智慧，把人類立腳點提升到真正的水平尺度上。

凡事要正面解讀，逆向思考。《資治通鑒》卷六：「凡百事之成也在敬之，其敗也必在慢之。」一切事情之所以取得成功，是由於能嚴肅認真對待它；而失敗的原因，在於辦事輕慢、懈怠。

鋒芒別太露

《法句經》卷三十：「無欲無有畏，恬淡無憂患，欲除使結解，是為長出淵。」一人無所貪求，才能無所畏懼；心懷恬淡高遠，才能無憂無患。擺脫了慾望，好比解開了死結，又好似走出痛苦的深淵，踏上了幸福的坦途。

海獺、海狗、海象，毛皮價值均高，尤其海象上顎向下伸出的兩支長牙，可以作為象牙的代用品，因此成為人類捕獲的對象，慘遭大量屠殺，只有海驢貌不驚人，利用價值又小，反而過著悠閒安逸的生活。

有三個少女結伴夜遊，有二個被不良少年輪暴，一個倖免，原因是她長得醜。歷史上也有類似記載，有一批海盜劫掠一個村莊，全村少女均遭蹂躪，僅有一個女孩因混身長濃瘡，逃過浩劫。有一棟公寓，遭小偷侵入，值錢東西全遭小偷竊取，唯獨一枚大鑽石，無意中被小孩拿去玩耍遺落地上一旁，小偷曾順手拿起看了一下又扔了，這證明不顯眼的物品，有時反能保存他的存在性。

有位在政府機關任職多年，因才華外露，初時扶搖直上，等他升到主管後，就招致強大的物議，每次有機會陞遷時總遭遇阻力，因此，過去跟他一塊進這個機關，能力比他差的人，都超越他而後來居上，使他極為氣餒，且壯志全消。

其實他為人尚能潔身自好，惟一缺點是使人畏他三分，覺得他四射的光芒會造成別人黯然無光的劣勢，就憑這一點，已注定了他失敗的命運。這個世界上，能成大功立大業的人，往往是大智若愚，不露聲色。開始時他可能比別人慢半拍，直到他嶄露頭角後，才令人驚訝，原來他是一個摸不透的出色人物。

有才華的人，刻意表現才華，已夠人厭惡，沒有才華的人，死出風頭，更讓人噁心，聰明人不做笨事，笨人也做不出什麼聰明事。一眼看去很精明的人，這種人常常不會活得很愉快，人類同情弱者，你的缺點，也許正是你成功的助力。不要把個人的才智，一次用光，用得太快也許會使你成為一無可取之人。

每個人的認知模式不同，對價值系統與價值觀念亦不盡相同，因此，對同樣一種事物，或有很大懸殊的評估，你不必強制別人跟你有一致的看法。不過，你要去穩住自己的步伐，在最能表現自己時，千萬別忘記保留一點點。

天堂夢

《佛所行贊》卷一：「捐棄世榮利，進步隨我來。」只要擺脫世俗的聲名、財富的約束，好比甩掉了沉重的包袱，人就能輕裝前進。

「世事如大夢，大夢我先覺」。每個人都善於做夢，因為只有做夢才容易獲得心理的滿足。不過，夢有「美夢」，也有「惡夢」，惡夢做多了，固然有損身心健康，而美夢做多了，同樣使自己遠離了真實的自我。

天堂是美的，也是空幻的，誰都沒有去過天堂，大家都像瞎子摸象地胡謅一通，究竟天堂美得像什麼樣子，恐怕除上帝之外，連神父也不知道。科學家說星球就是天堂，結果去過星球的太空人，帶回來的真相卻相當令人失望。

以前台灣人出國的機會很少，大家憑空想像那些異國的風光是何等旖旎，現在去的人多了，每個人都徹底醒悟過來，原來自己國家最可愛。根據旅外人士交流網站調查，二〇二一年全球最適合外藉人士居住和就業國家排行榜，台灣名列第一，也是連續三年奪冠。

柏利（J. H. Payne）說：「世界儘管華麗，遠不如破陋家園動人（Be it ever so humble there's no place like home）。」有一位朋友在國外一住就是十幾年，有一次我去探訪他、希望能夠沾他一點光彩，那裏知道他住的房子比我住在臺灣的房子還小，周圍環境的確很清靜高雅，可是他屋內裝飾卻極為平實，也許他手邊留著不少美鈔，但他小心翼翼地看守著這些財富，因為他知道自己是一個異鄉人，在這塊陌生的國土裏，他永遠是一個如履薄冰的人，他好像走進了天堂，其實他後門就是一塊空曠的地獄。

想像永遠比現實美好，沒得到的永遠比得到的分外珍貴，缺雨時候，多盼望下雨，雨下多了，簡直令人窒息。我們不能在幻想中建立樓閣的烏托邦世界，現實生活也許不美，然而，現實生活才是我們生命的根。

陶淵明《桃花源記》中的武陵漁夫，恐怕只有王柳先生能夠找到他了，「黃粱夢」和「南柯夢」都只能滿足於一時，卻無法得意於恆遠。知者不會作繭自縛的，天堂也許還沒有裝好冷氣，你又何必要趕著擠進這個窄門呢？活在地上的人，要用自己的力量，在生活的空地上，蓋起一座屬於自己快樂的小築。

人生四不要

《管子・形勢》：「伐矜好專，舉事之禍也。」人如果驕傲自大，專斷獨行，這是辦不成事情的禍根。

放眼今天台灣經濟繁榮，也要看自己勤不勤勞，認真幹活與否，若懶得上班或作業，照樣看得到，吃不到，甚至想混碗飯吃也有問題。

人有向上之心，是一種生存競爭的正常現象。不過，向上心理應該表現在自己努力奮鬥的精神上，而不是超越事理常態不擇手段的倖進。因為能用不正當的手段攫取，就會用不正當的手段玩法。

古人把人的慾望稱為「慾壑難填」、「得寸進尺」，確實很恰當。一個人自私自利，自高自大，自愛自憐，無非是什麼都為自己著想。其結果將是束縛了自己，使自己沉淪。

「知足常樂」，沒有漫無節制的慾望，內心就不會空虛，而且不患得患失，那就沒有失望；沒有自私的心，不會求自己的利益，而為大眾的利益著想。因為知足的人沒有漫無節制的慾望。去除了過分的慾望，心底無私則天地寬。

佛教說「萬法唯心」，人的善惡、貪婪、瞋恨、悲哀、歡喜等，全是由自己那顆「心」所變現的，夜路走多，遲早會碰到鬼，正所謂「舉頭三尺有神明」。

我們生活當中，常有分歧的事，展現在眼前，需要掙扎，才不至於墮落。掙扎也是努力的一種，多一分掙扎，就多一分成就。外界的一切，固然常使我們目迷五色，失去分辨，但是看清楚了，也能使我們奮發，勇往直前。

一個人當然要有個性，但千萬不可剛愎自用，一意孤行。朱熹說：「不奮發，則心日頹靡。不檢束，則心目恣肆。」成事主要的還是先能自助。

以下是比爾蓋茲的「人生四不要」：

1.不要把煩惱帶到床上，因為那是一個睡覺的地方。
2.不要把怨恨帶到明天，因為那是一個美好的日子。
3.不要把憂鬱傳染給別人，因為那是不道德的行為。
4.不要把不良的情緒掛在臉上，因為那是一種令人討厭的表情。

機緣

《出曜經》卷二十五：「達己淨不淨，何慮他人淨。愚者不自練，如鐵鑽純鋼。」我們要經常檢查自己言行是否端正，不要只挑剔別人的毛病。沒有修養的人不重視自己品德節操的培養，就好比以鐵鑽鋼，是不會達到預期目的的。

柳永因為「忍把浮名，換了淺斟低唱」詞句，斷送了一生美好的前程；孟浩然也因為「不才明主棄，多病故人疏」詩句，結束了一生璀璨的仕途。然而，王維卻因為寫了一首「萬戶傷心生野煙，百官何日再朝天？秋槐花落空宮裏，凝碧池頭奏管絃」的佳構，而保全了性命；黃鉞也因為寫了「夕陽無限，敢云已近黃昏；湛露方濃，竊喜長依化雨」的謝摺，使他官運亨通。因此，同樣寫詩寫文，有的慘遭貶謫，有的倍增光彩，人生幸與不幸，由此可見一斑。

杜牧風流韻事太多，如果沒有牛僧孺的暗助提攜，恐怕早已丟官去職。賈島曾經落髮為僧，如果沒有韓愈極力揄揚，恐怕永無高中進士的機緣。每人際遇不同，歷史上成功和失敗的人物都是最好的見證，像商鞅不能見用於魏惠王，卻在秦孝王面前大展抱負，伍員深受吳王闔閭器重，但卻被吳王夫差賜死，所謂「良禽擇木，良士擇王」，意即於此。

俗話說：「凡事有利必有弊。」關鍵就在自己會不會把握眼前的優勢，儘量去摒除障礙和缺失，若能這樣，最後必有極可觀的成果。

今天社會雖然比較開放，但人事背景依然有重大影響力，許多長官儘管高喊人才主義，最後他還是選用他的故舊親朋，這也不能全怪他私心，因為他有許多私事交給私人辦理至少比較放心，台灣如此，外國也差不多。

《禮記・大學》：「十目所視，十手所指，其嚴乎！」社會是一面鏡子，善惡永遠無法長期的匿藏，凡事務必儘可能求其公平，不僅求理順，而且求心安，古人幸與不幸的際遇，很值得作為今人的借鑑。柳永如果也像杜牧那樣好運，柳永真會潦倒一生嗎？王維如果能夠像韓愈一樣去推薦孟浩然，孟浩然會歸隱田園嗎？目前社會上人才過多，政府必須讓人才出頭，給予每個人同樣幸運的環境，然後由他各自發揮所長，完全達到立腳點平等的真諦。

集中營式管理

《莊子・人世間》：「若能入遊其樊而無感，其名，入則鳴，不入則止。」一人進入爭名逐利的世俗樊籠之中，卻能超然物外，不為名利、地位等身外之物所吸引。自己的作用能夠發揮，就積極而為，不能夠發揮作用，就適可而止。

中古歐洲，有一個青年戴比立，因犯小錯，被關進牢裏，當他進去時，只是名「扒手」，等他出去時，已搖身變為一個「神偷」，原來他在監獄裏面，蒙許多前輩賞識與照顧，授他不少絕技，使他在社會裏，臭名遠播，最後成了社會敗類，而為眾人所遺棄。

戴比立的人格發展，完全是社會力量，促使他逐漸走上自我毀滅道路，一個純潔的青少年，一旦陷入罪惡而複雜的環境，很容易迷失自尊，任憑別人宰割，一個患小病的人，千萬不要住在醫院裏，說不定他會被傳染到更嚴重的疾病，一個犯小罪的人，千萬不要把他關在大盜堆裏，否則，他越學越多，遲早這個社會又將增添一些禍害。

一些性格乖謬，思想刻板的機關首長，為著鞏固他的社會地位，對於看不順眼的員工，既無法「清除」，又不敢「得罪」，在半安撫的條件下，乾脆全部集中在一個小單位「頤養天年」，結果大家混口飯吃，一個傳染一個，使全體陷入半癱瘓狀態。事實上，這種集中營式的管理制度，完全違背管理學上的基本原則。

管理重視科學精神，但也絕不能忽略藝術技巧，一個壞蛋的力量有限，三、五個壞蛋湊在一塊，就可能變成一枚定時炸彈，能否炸死人姑且不管，但對別人多少產生一點破壞性威力。

杜威曾列述民主社會的二大要件，第一是共同的利益（common interest），第二是自由的溝通（free communication），人類因為有共同的利益才會積極參與社會各種活動，也因為能自由溝通，才能促發整體的合作精神。

但集中營式管理目的，卻在於孤立這些偏激份子，使他們利益消斂，溝通阻塞，最後不是認命式的承受，就是暴烈式的反抗，故而造成團體的更大危機，值得重視，也值得改善。

含淚吃芥末

《五燈會元》卷十二：「順情生喜，違情生怒。」人遇順而喜，遇逆而怒，是人之常情，但應能有所節制。能把握自己的人，等於掌握了開啟人生智慧之門的鑰匙。一位很有靈性的少女，據她觀察今天社會上有很多「含著眼淚吃芥末的人」，讓人不僅同意她的看法，而且覺得她有一份超越她年齡的成熟見解。

刺激可以助長生活的情趣，也可以帶動生命的高潮。人類本來就是一個刺激偏愛者，過度缺乏刺激的人，常會變成刺激飢渴者（Stimulus Hunger）。心理學家已經認定，沒有刺激就沒有反應，強刺激會引起強反應，人類永遠是在不斷刺激中生長下去。

平靜的生活，有時是需要刺激的補償，但太多的刺激，也許又會帶來空前的劫難。乾隆遊江南，就因為宮中缺乏新鮮的刺激，才動起這個念頭，連他自己都想不到後來會牽扯出那麼多風流韻事。川普競選失敗，因素固然很多，而美國人喜愛刺激也不失為重要條件之一。

世間上每個人如果都能保持相當均衡的刺激，這個世界將不會發生太多的糾紛。有人喜歡刺激，還貪求無厭，當狂熱的刺激緊逼他時，他就承受不住，這時不是攻擊或抗拒周圍的障礙物，就是自己無聲無息地倒了下去。

刺激有時是快樂的享受，有時卻是痛苦的承擔，英國著名詩人、散文家約翰・密爾頓（John Milton）曾說：「誰最能忍受痛苦，誰就最能努力工作。」像南丁格爾（Nightingale）在重病中還去重建英倫醫院，巴思德（Pasteur）在半癱瘓時還在孜孜不倦地研究病菌防治法。密爾頓本人也是在失明後才寫出名著《失樂園》（Paradise Lost），所以刺激有時是改變命運，和創造命運的治療劑。

含淚吃芥末，猶如含淚吃辣味一樣，有很多人喜歡吃辣，尤其在冬天吃火鍋時候，一邊流汗流淚，一邊狂食暢飲，這就是刺激，據說這種刺激才夠味，但這種刺激也最含有副作用。高山探險，深海尋寶、氫彈試爆、飛車競賽等都是夠刺激的玩意，這種成功時的榮耀，失敗時的慘痛，往往形成強烈的對照。每個人體質不同，含淚吃芥末是可以嚐試的，不過，不要因為吃得過多而住進醫院。

山高月小

《老子・十五章》：「敦兮其若樸，曠兮其若谷。」比喻做人敦厚得像未加改造的原始材料，寬闊得好似深廣的山谷。人們應具有寬廣的胸懷和敦厚樸實的品格。

山愈高，月亮顯得愈小，有許多老友多已位居要津，因此跟他們在一塊愈顯得自己渺小，不過，我常能以「不以物喜，不以己悲」自勉，也覺得人生別有一番超然的境界。

山高，就怕山崩；月小，就怕月蝕；倘若山高而能矗插雲霄，月小而能光華四射，則山高何妨，月小何害？而且惟獨山高和月小，兩者始能互映成輝，山因月小，而顯其峻峭，月因山高而增其嫵媚，萬物相輔相成，人類豈能例外？

過去有一位長官，逞才使氣，傲骨天成，頗有王荊公那種「不畏浮雲遮望眼」的氣概，不論任何人去晉見他時，他絕不起迎，更不恭送，後來罷官下野，經常在街頭人群中可以看到他的身影，此時他凡遇舊識，莫不躬著雄腰，臉上堆滿笑容，大家都被他那種謙沖的神情沖淡了對他昔日的嫌惡，這不知道是他轉變的成功，還是別人對他產生寬忍的包容？

想當年這位長官因為「山高」，致使所有部屬都變成「月小」，大家對他有高不可攀的感覺，一旦山崩，月亮就向他投射出奇異的光彩，使他一反常態，變得前後判若兩人，這自然是他個人值得檢討的地方。

春秋時代，有一位名音樂家師曠，雙目失明，智慧極高，有一天晉文公向他請教：「寡人本來想學點東西，可惜年逾七十，記憶力衰退，實在來不及了。」師曠就說：「那您為什麼不點一支蠟燭看看呢？」晉文公以為師曠故意對國君嬉戲，不禁勃然變色，師曠連忙解釋：「譬如說吧，少年勤學，如日上昇，光芒萬丈；中年勤學，如日中天，光彩奪目；老年好學，如點燃蠟燭，光雖微弱，但總比我這個瞎子好得太多。」聽得晉文公肅然起敬，恍然大悟。

人本來就是要隨時學習，隨時充實自己，不要高得使自己走了樣，低得使自己變了質，我們要活得愉快，活得有一點意義和價值。

心靈的喜悅

《五燈會元》卷一：「但莫憎愛，洞然明白。」人們看問題要從客觀出發，不要帶著自己的偏好去評判，否則不易得出正確的結論。

宗教的本質，也許就是勸人為善，因此，出現在這種場所的人，一開始就好像已經受到輕度的薰陶和感染，他們的聲音顯得很柔和，他們的舉動也變得格外親切，只是有一種奇妙的現象，這些人一走出這個地方，又變成另外一副面孔，甚至另外一種型態的人。接近宗教的人，一定要能「不從惡人的計謀，不站罪人的道路，不坐褻慢人的座位」，同時更千萬不要被馬基維尼（machiavelli）言中，「基督教信仰使好人甘心作了壞人的犧牲品」。

人，為什麼一走出宗教場所就馬上變了質？這難道是因為宗教觀念和力量還沒有在他心裏生根？那麼，我們為什麼不能讓這株已經移植在這的「小草生根」呢？也許這是所有宗教或傳教士都已經考慮過的焦點問題，可惜實際上所面臨的阻止是很難加以克服的，不過，我有一個很奇特的念頭，那就是我們為什麼不能把這個社會氣氛加以宗教化？

當然，在信仰自由的今天，要強迫每個人信教，是不可能的，不過，我們可以多培植一些傳教士，讓他們定期地在各種場所宣揚人性、教化禮誼，尤其可以多請一些受過嚴格考核的外國神父牧師，在街頭公開傳教。

記得每次在街上聽到傳教士在說話時，縱使再忙，也會駐腳聆聽一會，我一方面被他們的熱誠所感召，更重要的是，從他們聲音裏感受到生命的鼓舞。

宗教真是一種神妙的東西，有如音樂一樣給人充實和安定的力量，我從不信教，但是，我一接觸到宗教東西就愛不釋手，我知道很多人都跟我一樣喜歡祂，宗教如果能夠做到不具形式的活躍在人類生活環境的四周，每一個人都會變成很善良，很可愛的人，因此，我盼望宗教的負責人，能夠多花一點心思，在這方面認真地下點工夫。

生存在地球上的人，更應該常常利用空暇時間出入這些平靜的場所，我們不一定要去信教，而是去享受一種靈美的氣氛。

心理年齡

《佛所行贊》卷一：「仙棲高勝境，不染於榮華。」志向遠大崇高的人，自然淡於世俗的榮華富貴，不會為一時事的得失而斤斤計較。

羅先生五十五歲時，再度赴美攻讀博士學位，親友一面欽佩他的好學精神，一面又懷疑他的體力和智力是否趕得上課程，最近他修書回家表示博士證書已向他遙遙招手，因此使我深感成功是靠不斷的奮鬥而得來的。

清雍正朝進士彭端叔在他名著《白鶴堂詩文集》中有一段精言：「天下之事有難易夫？為之，則難者亦易矣；不為，則易者亦難矣。人之為學有難易乎。學之，則難者亦易矣；不學，則易者亦難矣。」這句話初聽起來，好像僅是在鼓勵人要好學不倦，但若深加思索，再找些印證，會發現那簡直是歷久彌新的真理。

據前新聞報導，成功大學七十九歲老教授胡成章，五十八歲時始出國留學，六十大壽才獲得美國碩士學位，中英文造詣均佳，且善寫中英文中堂，其絕藝曾轟動異邦，退休後仍經常跑成大圖書館，甚得成大全體師生一致的敬重。

人生要在和諧中求發展，又在努力中見其希望。一個人成就，不在於他官大官小，而在於他是否懂得去履踐一份高尚的理想。

「上進」和「好學」應該沒有年齡的限制，何況一個人生命的長短也因人而異，一個三十歲就結束生命的人，二十九歲那年已經是進入「垂暮時分」，一個一百歲的人瑞，六、七十歲還正是「壯年時光」，所以，五、六十歲才開始攻讀最高學位，其實為時亦不太晚，因為心理年齡比實際年齡重要太多了。莊子所謂「春耕種，秋收斂」，不懂春耕的人，又何來秋收？

人類普遍存有「成就動機」（a chievement motives），其主要目的在達到「自我實現」，一個有「自我實現」決心的人，他就會有堅忍淬勵的鬥志，年齡大小都不足影響一個人的樂觀進取決心。

蔣經國先生在《風雨中的寧靜》中指出：「春青乃是一種心境，而非生命中一段時間，不是單指『紅唇皓齒、澤髮柔膚』，而主要的在於堅韌的意志，崇高的理想和充沛的活力。」故能突破年齡枷鎖的人，始能創造「自我」。

老當益壯、活在當下

《五燈會元》卷十一：「盡堂燈已滅，彈指向誰說。去往本尋常，春風掃殘雪。」人由青年走向老年是自然規律，不必為此而憂心忡忡，生，有如絢麗之花；去，也要化作春泥，滋潤來者。人類就是這樣生生不息，代代相傳的。

馬援在王莽統治的時候，做過扶風郡的督郵。有一次，郡太守派他送犯人到長安。半路上，他憐憫那位囚犯，就放走了，自己也只好丟了官，逃亡到北地郡躲起來，後來在那邊以畜牧為生。

不到幾年工夫，馬援成了一個大畜牧主和地主，但是他並不想一直留在那裡過富裕生活。他把自己積貯的財產牛羊，分送給他的兄弟朋友。他說：「一個人做個守財奴，太沒有出息了。」他還說：「丈夫為誌，窮當益智，老當益壯。」

人生最好的東西，不是昨天的輝煌，也不是當下擁有的一切！屬於你的東西，任何人都搶不走，不是屬於你的東西，再怎麼也搶不來。

人的一生，註定要經歷很多路，有委屈的淚水，朗朗的笑聲。每一段人生路，不必慌張，不必虛飾，上天自有安排。窮也一生，富也一生，只要踏踏實實做事，自然會迎來一片晴天。健康勝過一切財物，錢沒了，人照樣能活，命沒了，錢成了擺設品。慾望太多容易使人麻木，懂得知足才是最大的幸福。

別抱怨生活，世界沒有完美的人，沒有如意的事，別愧對自己，生命只有這麼一次，何必總跟自己過不去。錢是掙不完的，心是操不完的，別總是死撐著。

日本作家村上春樹說：「人不是慢慢變老的，而是一瞬變老的。」人變老，不是從第一道皺紋、第一根白髮開始，而是從放棄自己那一刻開始，只有對自己不放棄的人，才能活成「不會老」。

人生永遠沒有太晚的開始，人一旦忘記自己的年齡，無論到什麼時候，都還想學習，還想繼續進步，甚至會發現，人即使老了，年齡即使大了，也沒有傳說中的那麼可怕。不怕老，就怕衰，激情和精神的回歸，才能重塑生活。

《論語・述而篇》子曰：「女奚不日：『其為人也，發憤忘食，樂以忘憂，不知老之將至』云爾。」

內心的空洞

《北山錄》卷三：「夫有奇質必有奇智，有奇智必有奇行，有奇行必有奇言。」人具有超群的素質必有超凡的智慧；有超凡的智慧必有脫俗的行為；有脫俗的行為必有奇妙的言辭。思想修養與言行舉止互為因果。

存在主義儘管可以從不同角度作廣泛的詮釋，然而，它實質上不容否認是包含著狂烈的悲觀意識，當然，它能夠在整個地球掀起半世紀瘋狂的震撼，一定有它存在的意義。

存在主義單從字義來分析，它顯然就有其實際的價值，本來萬物就因為有「存在」，才引伸出許多動機與衝突。故存在大師齊克果就力主「存在先於本質」，他認為人要有存在才有自我實有，有了自我實有，才能自由地創造自己。我也贊成「人的存在是煩惱的」，但我卻反對「人的存在是悲哀的」。

從十九世紀橫跨廿世紀期間，黑格爾、叔本華、耶斯培、馬塞爾、海德格、沙特等幾位響叮噹的風靡人物，都對哲學思想提出了玄妙的理論。尤其沙特一生廣經酸楚，憤俗異行，觀念怪誕，始倡導遺世獨立的人生觀，他的巨著《嘔吐》、《自由之路》、《牆》等都充滿灰色的塵沙，但對社會極有影響力。

很多人都用懷疑眼光，去否定存在主義的哲學思想，他們一致反對用個人的經驗去塑造自我主觀形象，然而，存在主義的思潮仍洶湧澎湃地衝擊著這個社會。

事實擺在眼前，現代人內心充滿空洞與絕望，在徬徨與慌亂中尋找迷失的生命，結果無根的依舊無根，失落的依舊失落，人與人之間感情阻塞，在生活的領域裏，充滿隔離感與疏離感。卡夫卡的《蛻變》中男主角由推銷員變成一隻「蟲」，雖然關心家人，希望幫忙他們，但由於家人不懂得他的語言，就彼此失去溝通，可知人類生活現象中，隨時有頻臨溝通阻塞的危險。

存在倘能實有，實比存在徒擁虛有來得較有價值，世間有很多人，像行屍走肉一樣，身體是存在的，但心靈未必是實有的，這樣存在是多餘的，也是虛幻的，人活著就是存在，可是，這種存在要化為積極和進取的才對，不僅要和別人溝通，而且要讓自己的感情與思想完全溝通。

最老實的人

《五燈會元》卷四：「心不負人，面無慚色。」只要不做虧心事，精神自坦然。瞞天瞞地，瞞不過寸心。

世上很多外表最老實的人，往往做出駭人聽聞的最不老實的事情。

過去有一位老同事，他滿臉憨厚的樣子，甚至連說話都輕聲細語，有一次，他告訴大家要想買一棟房子，急需一筆鉅款，請大家幫他做點「會」，結果全辦公室人都盡力支援他，他大小通吃，無一倖免，最後竟突告失蹤，連他妻子都不知道他到那兒去了！原來他帶著小三早已遠走高飛，據說在南美當寓公，用別人鈔票，過舒適生活，有人說天會處罰他，看來上帝也已饒恕了他，因為他那樸拙的標誌，恐怕上帝也被他矇騙了好幾次。

蓄意詐騙的老實人，他一定先作好長期偽善的腹案、信用卓著、舉止安詳、最講義氣、最有同情心，其實他才是世界上最厲害的大壞蛋，當他犯案爆發後，還會有人替他說好話，懷疑傳聞失實，直到絕對證實後，才知道自己原是一個蠢得可愛的上當人！

目前很流行的經濟犯罪或惡性倒閉的商人，他們那一個不是以「最誠實的臉孔」出現，騙得大家團團轉，必要時搖身一變，像魔術師一樣，騰雲駕霧而去。講求現實的社會裏，有錢就是最尊榮的人，大爺有錢，誰敢輕視我，食髓知味，因此很多人拼命向前輩看齊，不但學他一手，而且還變本加厲，段數之高，變化之大，真是青出於藍，令人嘆為觀止。

有一位親友到美國，遇到一位在台灣騙了大把鈔票在當地經商的老夫婦，承他們熱情招待，席間老夫婦數度嚎啕大哭，表示自己過去行為卑劣，希望大家能原諒他們，這位親友不但原諒他們，還相當同情他們，說他們怪可憐的，您想，這一對惡性重大的老夫婦，過去騙人，現在還在騙，他們的騙技多麼高明？

世上沒有最好的人，也沒有最壞的人，他們既不是伊索寓言裏的狐狸，也不是他筆下的羔羊，而是一隻想跳、卻跳不遠的青蛙，只要你隨時提高警覺，那些「最老實的偽君子」都有原形畢露的一天！

認清自己

《大方廣總持寶光明經》卷四：「若得如是智慧力，世間隨類化群生。」即指人如果有正確的思想做指導，那麼就可以做出有益於社會和人類的事。精神力量可以轉化為物質成果。

世上有很多人，把別人看得一清二楚，對自己卻看得模模糊糊，結果，別人都清醒了，而他自己仍長醉不醒。

黎巴嫩先知季伯蘭說過一則絕妙的寓言，他敘述自己有一天突然從睡夢中驚醒過來，發現戴在自己臉上的七世的七面面具被人偷走，而自己變成奇醜的人，他倏然而起，直奔菜市場，引起全市場一陣騷動，大家不是規避，就是指指點點，最後有人指著他大叫「他是瘋子」，因此，他在恍惚中果然變成瘋子。

一個人如果自己沒有自信，可能由正常人被逼成瘋子。正如曾子沒有殺人，但一再誤傳他殺了人，連最信得過他的母親，都動搖了自信，可見「人言可畏」，以及「自信心難以持久」的論證。

這個社會上，有人很自負，有人相反地很自卑，其實，一個人自卑固然沒有意義，光是自負又何嘗能夠得到理想的報酬。伊索寓言中，有一隻蚊子停在一隻牡牛角上，臨飛時，嗡嗡地哼個不停，竟問牡牛是否願意讓牠飛走，牡牛冷冷表示：「我不知道你來，你走了，我也不會感覺失去了你。」可見一個人不要過分高估自己，因為在別人心目中，你還是一文不值的東西。

人類永遠在矛盾中生存下去，他提醒別人要走有光的路，而自己常在暗路裏打轉。三島由紀夫在《愛的飢渴》中強調「世界上最愚蠢的行為就是結婚」，可是他不僅結了婚，而且還生了一對子女，他表面上看來很堅強，但最後卻用自殺來毀滅掉自己生命。人是最聰明的動物，不幸他會經常做出最無知的舉動。

人稱「清末狂儒」、「清末怪傑」的辜鴻銘，指出中國人性格有三大特質，就是——「深刻、廣闊、單純」，不過，這三點並不足以涵蓋一切，只是其中「深刻」一點很值得玩味，一個人倘能真正地有深度的瞭解自己，和和氣氣與人相處，平平安安日子好過，那他才不虛此生。

盲郎淚

《五燈會元》卷一百十四：「家醜難將說向君。」家庭的痛苦和煩惱是最難向他人傾訴的。幸福的婚姻都相同，不幸的家庭各有難言之隱。正是「家家有本難念的經」。

畢業於輔仁大學德文系的廖先生，役畢後在中國航運公司任職，因職務關係，經常出入歌亭舞榭，最後和一個小學畢業的舞女結婚，由於學識、思想及觀念上的差距，日久漸有隔閡，妻子懷疑他移情別戀，在愛恨交加下，終用一盒毒液，朝他臉部猛灑，致使他慘遭毀容而失明，隨後在親友勸勉下，住進新莊市盲人重建院，經過他長期努力奮鬥，獲得多方的資助，使他順利赴德深造。

這一則活生生的故事，給世人幾則重大的啟示：

一、**生活必須規律化**：一個經常在風花雪月中廝混的人，他可以得到愛，但往往失去的愛更多。正常的人，必須有正常的生活。春秋時，周靈王廿一年，齊莊公因為私通大夫崔杼的寵妾棠姜，致惹殺身之禍。一個不能潔身自愛的人，鮮有幸運的下場。

二、女人有恨多心毒：女性平均比男人溫順而有愛心，不過，當她心有積恨時，就可能做出傷天害理的瘋狂事情，因為女人的愛很細膩，也需要細心加以保護，不容刺激，更不可傷害。

三、人有鬥志盲亦明：眼盲並不可怕，最可怕眼盲心亦盲，一個失去光明的人，他依然可以靠鬥志來重創生命的契機。人生際遇無常，廖先生如果沒有失明，也許一生還沒有赴德深造的機會，所以，失去的未必就是真失，得到的也未必是真得，得失最好看得平淡些。

從廖案中，我們可以發現人性的善惡多隨環境不同的刺激而產生變化。學者陶覺指出：「存心光明正大，言論光明正大，行事光明正大，斯之謂君子。」故存心不良的人，不僅會傷害別人，有時還會毀滅自己，人懂得愛護別人愈多，其所得報償也愈豐。我們走在長長的人生道路上，不怕滑倒，只怕虧心事做得太多，當你心靈陰影太濃時，會使你失去心理平衡，而自趨淪亡的陷阱。

鏡中自我

《佛母出生三法藏般若波羅蜜多經》卷二：「是人常出信順語言，柔軟語言，白淨語言，不雜語言，不生忿怒。不為我慢所覆；常生慈心，不起恨恚等煩惱不令增長。」即與人交談要通情達理，心平氣和，用語文明；不惡語傷人，以寬厚之心待人，彼此之間就會相處融洽，自己也會心神安定。

一則地方新聞報導，一對比鄰而居的姐妹，因為彼此將垃圾堆積在對方門口，結果爭論不休，相互指責對方缺乏道德觀念，最後大打出手，演成傷害罪。另報載一對兄弟在一塊擺麵攤，也因為將垃圾堆積對方攤位邊，而引起糾紛，哥哥竟然操刀將弟弟當街砍傷，如果不是旁人勸阻，恐怕早已一命嗚呼。

這兩對親兄弟親姐妹，都為了小事不惜大動干戈，彼此均看到對方缺點，但卻摸不清自己是什麼模樣，這就是缺乏完美自我觀念的人。

「自我」最好能成為一面鏡子，讓自己能夠省悟到自己所作所為，藉以判斷或抉擇自己應該努力的方向。美國社會學者柯尼（cooley）曾提出一個鏡中自我（looking glassself）的觀念，意指個人對他自己儼若一面鏡子，隨時能反映出別人所表現的態度與情感。所以，自我的形成是靠和他人不斷交互活動中，而體認出來的自我感。也就是以他們評斷作為對自己的認識，以他人的角度反觀自己，有如投射自我（projective-self）。

古人說「立身以無愧為難」，一個人凡事倘能自我檢討，自我覺察，自我約束，就容易達到一種做人的基本原則。最聰明的人，為什麼做最笨的事情？就是由於人在疏忽中經常迷失自己「雄雞一啼，萬戶甦醒；白鶴長鳴，天下震動」，可是，雄雞和白鶴並不常常啼鳴，因為牠們曉得「藏拙就是表現」的哲理。

人類是難以捉摸的動物，有人單純得可愛，有人複雜得可怕。有許多莫名其妙的人，專做莫名其妙的事。他對別人的反應，全然置之不理，他像一個瞎子，看不清自己影像，他也像一個色盲人，看到的影子也印象模糊，他或者很自負，也或者很自卑，其實，他既不該自卑，更不夠自負，因為他是一個不能自我認同和自我肯定的人。

化嫉妒為力量

《佛所行贊》卷三：「唯念貪嫉苦，慈心欲令安。」比喻人如果有貪婪善妒之心，別人的歡樂會刺激著他，因此心中總是痛苦的，因為他永遠沒有滿足的時候，只有心懷慈善，知足的人才能心神平定。

別人的成功，常常使自己難過，別人的成就，也往往令自己難堪。有這種心態，嚴格說是正常的，只是有人因嫉妒而妄加惡意破壞，有人因嫉妒而力加善意建設。

嫉妒心理幾乎是與生俱來的一種情緒演化，《史記．外戚傳》明載：「女無美惡，入室見妒；士無賢不肖，入朝見嫉。」因此，能夠懂得化解嫉妒的情緒，而變為力爭上游的激素，這個人勢將脫穎而出。

大作家巴爾扎克看到拿破崙銅像時，禁不住替它掛上一張紙條，上面很激動寫著：「你的劍雖鋒利，總有達不到的地方，瞧著吧！我的筆就能夠佔領全世界人類的心靈。」巴氏語氣儘管偏激，但他的鬥志證實了他堅忍的毅力。

漢朝才子左思一直想寫「三都賦」，當這個消息傳到洛陽文人陸機的耳裏，他很自負地向他弟弟陸雲說：「這小子也想寫三都賦，將來寫成後我要把它拿來蓋酒罈。」然而，等到他看到「三都賦」，卻不得不大加讚佩。所以一個人不要太武斷，也不能太情緒化，倘要嫉妒別人，先要瞭解別人長處或優點在那兒。

漢獻帝大司農鄭玄，本來打算注解《春秋左傳》，直到遇到服虔，就改變了這個念頭，他發現服虔也想寫，顯然比自己懂得更多，於是，他極為敬重服虔，而且傾全力幫助服虔完成這個盛舉，不僅服虔個人受益匪淺，對後世的人也提供了很大的貢獻。

李白登黃鶴樓時，正想題詩，當他看到崔顥寫的詞句那樣優美，就不敢再存狂態，嗣後他再訪黃鶴樓時，雖然題了詩，但鋒芒始終被崔顥遮蓋得黯然無光。好的東西就是好，任何惡意中傷或蓄意輕蔑，都是於事無濟。我們不要只會嫉妒別人，而不知道如何去充實自己。世界上競爭的敵手太多；你可以擊垮一個，也不能擊垮所有的人，你與其光會嫉妒，不如趕快向強者學習。

矛盾的人生

《出曜經》：「一切皆懼死，莫不畏杖痛。恕己可為譬，勿殺勿行杖。」此喻世上的一切生物都是愛惜自己生命的，都不願接受痛苦與死亡，因此，做人行事要多替別人著想，不要帶給他人痛苦和傷害。

日本名作家三島由紀夫，在他成名作《金閣寺》一書的結尾寫道：「我突然意識到好死不如歹活，我心想；還是活下去吧！」結果他自己卻切腹自殺了。

悲觀哲學大師叔本華罵盡天下女人，但他並不討厭女人，實際上還和不少女人發生過相當親密的關係，當他七十二歲去世時，有人在他遺物中，發現購買梅毒治療品的方箋一紙。

人類就是矛盾的動物，得到的多索然無味，失去的卻視若瑰寶。正如《伍采克》一書所標榜「人，不管是誰，都一樣深奧難懂，探頭去研究，會使人頭暈目眩。」不錯，一個人瞭解自己已經夠難，再去瞭解別人更是難上加難，所以要發揮《聖經》上所謂「愛鄰如己」的精神，的確不是一件簡單的事情。像黛薇夫人下嫁蘇卡諾也是一份多麼矛盾的戀情。像弗蘭克爾描寫囚困在納粹集中營的犯人，初時極盼自由，但到最後獲得釋放時，出去轉了一圈又自動回到陰暗的牢房去。可見人因為有很多矛盾的感情才形成一種矛盾的人生觀。

今天社會上這種人很多，他們矛盾得使自己失去正確的方向，有若卡夫卡寓言中那隻橫衝直闖的老鼠，最後闖進了貓窩，成為可憐的祭品。故蘇格拉底說：「沒有反省的生活，不是有價值的生活。」

蘇氏提示得很好，人若是沒有定見，沒有主見，就會自我傷害。每次發生車禍多因為開車太快，有人勸別人要駕駛小心，自己卻拼命闖紅燈。有人寫文章勸別人少抽菸喝酒，自己卻是十足的菸槍酒鬼。有些天天讀經拜佛的教徒，卻長年幹些見不得人的事情。一位在中學擔任訓導主任的老師，自己子女個個都是太保太妹。人，永遠是處在一種矛盾的生活情境裏，但我們必須求其突破。

我們不能像赫胥黎一樣在《美麗新世界》裏看到的卻是悲觀的社會，因此，我們要克制物慾的觀念，使自己思想與社會觀念趨於一致的調和。

過年送禮

《五燈全書》卷一百十八：「世事花開落，人情潮去來。」花開花落是自然之道，世態炎涼、人情冷暖也在常理之中。

農曆年將屆，街頭巷尾已能風聞到幾許應景的氣味，有些敏感人士已經開始忙著採購送禮，儘管政府三令五申禁止年節送禮和收禮，然而，多禮的台灣人，似乎絕對免俗是很難做到的事情。

送禮看起來很簡單，實質上是一門高深的藝術化學問。據歷史傳聞，奸相嚴嵩當權時，因新蓋一座巨宅，落成時有人送他一顆特大夜明珠，他玩賞之餘，愛不釋手，每置暗室，如同白晝，他高興萬分，立刻將送珠人連昇三級。這個人昇遷後，他的朋友看得既羨慕又眼紅，於是也挖盡心思，進貢長毛地氈一條，嚴嵩也非常滿意，尤其地氈大小和他廳堂大小分毫不差，當嚴嵩在地氈上踱步時，突然想起一個嚴重問題，他心想自己家裏門禁森嚴，此人竟能將他家客廳尺寸都量得清清楚楚，足見神通廣大，他日可能取他腦袋如囊中探物，想到這裏，馬上囑咐將此人推出問斬。先後兩人送禮，卻有幸與不幸的極大差別命運，由此可以證實送禮並非都能達到昇官發財的目的。

禮送多了，有時反會替自己惹出災禍，像二〇二〇年爆發的ＳＯＧＯ案，因經營權之爭，李恒隆拿大把鈔票透過立法委員等施壓經濟部，台北地院於二〇二二年七月六日宣判，各被重判徒刑（可上訴）。所以，送禮和受禮都可能弄得焦頭爛額，聰明人還是少送為妙。

送禮，有幸運，也有霉運；不送禮，也有幸運和霉運，兩相對照比較，送禮豈不成為多此一舉？一個人不必多禮，也不能失禮，最好能夠「適禮」。送禮務須恰到好處，使送禮人和受禮人都不會感到尷尬，倘若送一份小禮給一位並無業務關係，純出敬意的表示，我想這種禮，當不在禁例範圍之內，因此，聰明人在送禮時，最好能夠運用一點智慧。

《南史・王僧達傳》：「大丈夫寧當玉碎，安可沒沒求活。」大丈夫寧可為正義而犧牲，怎麼能為了活命而無所作為呢？

父慈子孝

《莊子・大宗師》說：「父母於子，東西南北，唯命之從。」父母親對於兒女的請求，不論是東西南北，山高水遠，都樂於盡力去做。在父母的眼裏，子女永遠需要他們的照顧，毫無怨言。

麥帥那篇「為子祈禱文」，寫盡父親對兒子的關愛與祝福，一份天倫的摯情，溢於言表。父愛是嚴肅的，但在嚴肅中應該包容著仁慈跟犧牲。

基弗（E. J. Kiefer）曾說：「子女不可能因為生活享樂而過得很好，但卻可能因為生活美好而過得幸福。」所以做父親的人，要給子女終生的幸福，而不是短暫的享樂。法國人把父親視作天生的銀行，如果銀行也會發生破產的記錄，豈不是不可思議的諷刺。

有一位工友老方，年逾半百，生有子女五人，平時工作認真，一臉忠厚相，假日常帶五個子女到辦公室中溫習功課，大女兒已讀高三，對四個幼小弟妹督導有方，大家都讚揚老方是軍人世家，很能發揮軍事統御效能。

這時老方大做「會首」，同事都很同情他，紛紛為他搭會，以為他要添購新居，不料一年後，老方突然不辭而別，後來才發現老方賭債高築，於是老方提早退休了，所得退休金還不足抵償欠債，第二學期所有子女都被逼休學，全部進入工廠充當小工，使整個家庭陷入萬劫不復的悲慘境地，這個活生生的事例，說明一個做父親人的職責是何等的艱巨？

人生在世，沒有誰是一帆風順的，不珍惜福報的人，就會衰敗墮落。父母之恩重於天地，三寶之德多過恆沙。父親是子女的精神能源，也是子女的物資補給站，更是子女的風雨避難所，倘若做父親的只是一時衝動而生子女，然後又置子女教養於不顧，試想，做子女長大後又怎能激發他反哺的恩情呢？

自古以來，「君不君」就會「臣不臣」、「父不父」自然就會「子不子」，父親原是子女心目中的偶像，這種偶像不是任何東西可以取代的，教養子女不僅是做父親的責任，而且也是做父親的權利，但願普天下做父母的人，能夠盡心盡責，處處能夠為自己下一代全力以赴。

兩代之間

《五燈會元》卷八：「同花同生，萬中無一。」說明事情沒有絕對相同的事物，因而人與人之間要想處處求得一致，是很難辦到的。能夠求同存異，互利互助，是明智者。

這個社會，由於老一代太保守，年輕一代又太開放，彼此尖銳對立，才會給社會帶來若干不平衡的衝擊逆流。上一代與下一代為什麼會發生代溝？且看下列父子的實例，大概也能知道其中的一部份根源。

有位父親，是開計程車的，他省吃儉用，在貧民窟地方買了兩棟破爛不堪的木造矮房，當年原是違建的房子，不料因政府土地重劃，該地頓變成高級住宅區，經由營造商合建後，他分配三棟佔地四十餘坪的大廈樓房，於是搖身一變，躋身於億萬富豪之列。

不過，這老頭一生刻苦成家，視錢如命，雖然賣出一棟房子，手邊頗有積蓄，但也捨不得隨便花用。而他的子女可不這樣想，不管他父母怎樣反對，都設法買進一輛嶄新的轎車代步，可憐的是這位老人，仍開計程車，致使他們父子，成為截然不同身份的人，鄰居們都覺得怪怪的不是味道，可是他的兒子依然悠哉遊哉地過他風光十足的生活。您能說這不是今古奇觀的絕事嗎？

孩子也許太奢侈，父親也未免太儉樸，開計程車固然是一種自由正當的職業，不過，身邊已有那麼多財產，這種工作就不妨交由別人來接棒，社會上有不同的人應該幹不同的事，這樣才合乎「分工合作，恰如其份」的安排。

這是個進步的時代，每個人應該隨著時代進步而進步，再好的機會、福報，如不能把握，一樣會溜走。做子女的要體諒父母的苦心，做父母的也要認清子女的需慾，老實說，父子二人的行逕這都有違正規的倫常，兒子放浪形骸的享受，父親既已腰纏萬貫，又何苦裝成那種窮哈哈樣子？

上一代和下一代本來可以沒有代溝，都因庸人自擾，才把單純的事情弄得暗潮激盪，「既然山不肯就穆罕默德，那麼穆罕默德去就山吧！」人人都該替自已父母或子女多設身處地的想一想，也許會悟出更深一層的做人道理。

臨墓沉思

《興起經》卷上說：「世上所為作，各自見其行。行善得善報，行惡得惡報。」人的一生所作所為，都體現在各自的一言一行上，對此虛飾不得。為善，則得到善報；為惡，則得到惡果。這就是人心之所向。

死亡把一個人帶到另一個世界去，不管那是極樂、抑或極苦，都能確定已經和我們過著截然不同的生活型態。不過，令人無法瞭解的，就是當人奄奄一息時，猶對生命充滿掙扎與眷戀，那麼，那些活生生的人，為什麼任意地尋求死亡的解脫？羅曼羅蘭說過一句發人深省的話：「以死來鄙薄自己，出賣自己，否定自己的信仰，是世界上最大的刑罰、最大的罪過，寧可受盡世界上的痛苦、災難，可千萬不能到這地步。」但羅曼羅蘭的話，又能在這個世界發生什麼作用？

世界上太多不幸的人、痛苦的人、失意的人，都用死來鄙薄自己、出賣自己、否定自己，結果他什麼都沒有得到，徒留識者無奈的嘆息。該死的，也許應該讓他死去，但該生的人，怎能不好好地生下去呢？

環顧陽明山墓園，踩在腳底的，有著不少風雲一時的人物，生前不可一世，死後只能與草木同朽，假如用這種眼光去認識生命的意義，生命不是顯得毫無價值可言嗎？可是，當您細讀墓碑上的墓誌銘時，說不定您就能產生一百八十度態度轉變。歷史上不平凡的人物，都曾經付出最大的代價去獲取死亡前最大的補償，他們從不浪費生命中任何一點可供發揮的力量，他將死延伸了生命的永恆，讓別人重溫生命的喜悅。

證嚴法師說：「未來是妄想，過去的是雜念。要保護此時此刻的愛心，謹守自己當下的本份。」

一個成功的人，死後還對別人有著震攝力量，足見死很容易，但死必須很莊嚴，很隆重，使別人因您的死，找出生的更大意義。世上無緣無故、糊糊塗塗去死的人，他已經否定了過去自己生存的價值，他生時很苦，死時更悲，縱使有人同情他，那也僅是暫時性的人性憐憫，對他個人來說，幾乎一無所獲，因此，我們要在有生的日子，生得愉快、生得積極、生得能夠肯定自己！

發揮「精力的雄偉」

《佛所行贊》卷三：「今見行乞求，我願奉其上。」當我們遇見尋求幫助的人，應當盡力相助。幫助他人，也是拯救自己。

屠格涅夫的名作《麻雀》，內容大約是描述：

有一天，他和狗打獵回來，經過園中，狗看到地上躺著一隻還未出巢的小麻雀，牠鼓著兩隻羽毛未豐的翅膀作半飛的姿勢，狗正走向這個獵物，突然間好像彈丸似的從樹上落下來一隻黑頸項的老麻雀，和狗展開搏鬥，牠為了援救牠的雛鳥，把自己的身子來搪塞災禍，牠渺小的身軀在驚怖、震顫，微細的喉嚨漸叫漸啞，牠終於倒斃了，狗站著不動，後來垂頭喪氣地走開了。

這則故事，寫盡了母性的光輝，令人感動，更令人發出心靈的哭泣。

《世說新語》也有一個類似的記載：「桓公入蜀，至三峽中，部伍中有得猿子者。其母緣岸哀號，行百餘里不去；遂跳上船，至便即絕。破視其腹中，腸皆寸寸斷。」一隻母猿，為著失子哀號，以至柔腸寸斷，實在教人肅然起敬。這些小動物，充分表現出萬物中至聖的愛，那不求補償的犧牲，勾畫出天地間一幅善美的畫面，這正是康德所謂的「精力的雄偉」，包容著道德和藝術的雄偉。

精力的雄偉實為當前各國社會中最缺乏的一種雄偉，這種雄偉外觀不美，但骨子裏出奇的美，這種美不是任何力量所能取代的。

道德力量多來自「精力的雄偉」，這種雄偉散發出莊嚴、神聖，和不可侵犯的節操，克邪剷惡，氣象萬千。猶如正氣歌，激勵人心，浩然長存。

聖嚴法師說：「要重視善因的培育，不要只期待美果的享受。」在慾念橫流的社會裏，精力的雄偉，足以啟化民心，教化民智，美化民德，我們要全力去尋找這種雄偉，讓它永發慈光。犧牲的定義，不是死亡，而是創造，萬物要在不斷創造中，才見真理與公義。

自我中心原是一種生命的動力，但如果自我中心太強，經常自以為是、貪得無厭、傲慢或自卑，自己是快樂不起來的。人的生命是短暫的，真正對自己負責任的人，在生活中處處都應保持一顆清澈透明的心。

太平盛世

《妙法蓮華經》卷五：「常修質直行，不輕蔑於人。」為人處世要行為端正，尊重別人，以禮待人，美自然在心靈之中。

集英雄、奸雄、梟雄於一身的雄才大略曹操，他的「短歌行」，顯露出無比的文才，但卻不如「對酒」詩那樣胸襟開闊。

「對酒」詩完全在歌頌太平盛世的日子，前段有「對酒歌，太平時，吏不呼門。王者賢且明，宰相股肱皆忠良。咸禮讓，民無所爭訟。三年耕有九年儲，倉穀滿盈。班白不負戴。……人耄耋，皆得以壽終。恩德廣及草木昆蟲。」

如果用這些句子來讚揚台灣國泰民安的景象，實不為過，尤其末句「人耄耋，皆得以壽終。恩德廣及草木昆蟲。」更是自由台灣當前社會最好寫照。

台灣是公認為東南亞最安定的一個國家，每年雙十節，為慶祝建國所舉行的盛大典禮及遊行表演，獲得中外嘉賓一致的讚佩，街頭巷尾，歌舞昇平，洋溢著一幅太平盛世的氣氛，值得慶賀，也值得警惕。

世界上很少有完全知足的國民，本來人心貪求無厭、慾望的動機層出不窮，對於最好的問題，他也能夠講出最壞理由。法治社會固然可以維護人民善良的風俗習慣，然而，那些唯恐天下不亂的陰謀家，永遠是一隻破壞性很強的老鼠。

縱觀全島，從城市到鄉村，從鄉村到城市，每一條街，每一條巷，都充滿人性的溫馨，只有少數有犯罪性格傾向的人，在不斷製造矛盾和混亂，致使太平盛世的生活中，多少隱藏著一點未燃燒的火藥味，星星之火，足釀大災，愛國是國民唯一責任，誰不愛國，誰就是全體國民的公敵。

「殺身為君，破家為國。」在這太平盛世裏，個人命雖然渺小，只要發揮所能所長，克盡一己之力，就是扮演了人類歷史承先啟後的角色。我們要共同為守護這種賡續遠景作小我最大的犧牲。

人心要像水一樣，看似錦軟柔弱，卻涵力源源，不能切斷。

人的一生很短暫，要珍惜生命中的每一天，不能混沌度日、不思進取，也不能貪圖享樂，甚至誤入歧途。人生在世要把生命時間用在有意義的事情上。

苟全性命於異域

《大方廣德華嚴經》卷五：「漂浪生死流，沉淪愛欲海。痴惑結重網，皆冥大怖畏。」人隨波逐流，沉溺於世俗的名利之中，這樣會墮入痴迷和疑惑的重網之中，難以自拔。

放洋、綠卡、海外淘金夢，一直成為討論的熱門話題。有些違心論者，滿口愛國口號，全心逃避心理，既捨不得放棄在國內榮華富貴的享受，又不願讓子女在國內共赴國難，因此千方百計地將子女送到國外過他浪跡天涯的游牧生活，這種投機取巧的份子，根本算不了是頂天立地的炎黃子孫。

愛國，應該大家愛國；救國，應該人人救國。我們不能讓那些擁有特權的人只懂享受，而沒有奉獻；只是看別人流汗，而自己卻躲在一旁納涼。難道他們的子女是十月懷胎的龍種，別人的子女就不是十月懷胎的生命？

最可恥的，這些沒有半點愛國細胞的人，每當國家在國際上遭遇到些許挫折時候，他們就非常敏感地開始對個人作最如意的安排，不幸得很，他們那些不爭氣的子女，並沒有在海外揚眉吐氣，甚至終年在異域過著苦不堪言的日子。

非洲的狂沙，歐洲的霜雪，美洲的風浪，都驅散不了他們忍辱偷生的卑劣感，他們似乎感覺到在國外才可以保全性命，可是他們萬萬沒有想到我們比他們活得更安逸愉快。不錯，有些子女是非常希望能夠返國服務，偏偏他們父母硬是不讓他們回來，他們在國外不惜廉賣勞力，苟延殘息，最後還可能無聲無息地成為異域的孤魂野鬼。這些落魄異邦的人，他們空存「末路無歸易斷魂」的悲懷，卻沒有「壯士斷腕酬邦國」的雄心，這是何等感傷的事情。

有人點燈求光明，其實真正的光明，在我們心裡。佛前的燈不必刻意的去點，重要的是點燃我們的心燈。

近年出國觀光的同胞愈來愈多，當他們目睹海外華僑的實際情況，他們不僅不再羨慕留居海外的親友，而且內心產生極大的迷惘和震撼，他們不明白有些在海外一無成就的流浪漢，為什麼遲遲不歸？其實，國家大門也永遠為他們開著，誰也猜不透，他們是無顏回來見江東父老，抑或有難以啟口的隱衷？

自食其果

《老子・五十八章》：「其正悶悶，其民淳淳，其政察察，其民缺缺。」社會環境寬鬆，民風就淳樸，社會現實嚴酷，人們之間就工於心計。世事紛繁，古往今來多少名人遇襲而轟動一時。

古龍天天編撰武俠人物，結果自己也挨了一刀，幾乎變成殘廢人。王羽常演武林高手，結果四個後生小輩，就把他砍成重傷，如果有人掏出手槍，恐怕半顆子彈就結束他們的生命。館長陳之漢遇襲，中了三槍，幸好沒中要害，住院七天出院返家休息。

葉問、黃飛鴻系列電影膾炙人口，時下青年很喜歡看武俠影片，不知不覺間也學會一、二招，得意時候甚至亮出兩手，他們假若知道心目中偶像「武俠泰斗」還敵不過四名小伙子將會多麼失望與驚愕。

演武俠片的人很多，他們應該知道，演戲與真實人生絕對不能相提並論，人體畢竟是肉做的。縱使有「萬夫莫敵」之勇，最後還是經不起小小的一刀。

物以類聚，人以性歸。每一個人生活方式不同；每個人交遊方式也不一樣，有人成天交些不倫不類的朋友，高興時大家親親密密地稱兄道弟，反臉時大家冰冰冷冷地六親不認，既沒有義氣，也沒有豪氣，有的是一股窩囊氣，彼此臭味相投，臭氣沖天，完全違背做人的基本原則和道義感。

上天是公正無私的，給好人以善報，給壞人以惡終，不管你如何咒詛，祂永遠堅守一定的法則。《荀子・天論》：「天不為人之惡寒也輟冬，地不為人之惡遼遠也輟廣，君子不為小人之匈匈也輟行。天有常道，地有常數，君子有常體，君子道其常，小人計其功。」所以，恣行暴虐的人，遲早會吃虧報應的。

《佛所行贊》卷三：「同生相愛念，為欲相殘殺。」世間有不少逞勇好鬥之徒為了利益，反目成仇，天天砍來殺去，最後等於傷害自己，因為他殺傷別人，自己坐牢；別人殺他，皮肉開花。

像那些已經闖出一點知名度的人，不知道為什麼不能珍惜自己已豐的羽毛，偏偏要在自己死亡陷阱中佈下一顆定時炸彈？

仗劍天涯

《十住斷結經》卷十四：「消湯塵蓋永無貪欲，其諸惡心不能復亂，又其意猛不為惡屈。」以大眾的利益為重的人，才能在邪惡面前不為所動，也不會在強大的壓力下屈服。

圓桌武士中侍衛長黎斯諾，鐘樓怪人中萬愚之王奎史邁度，暴君焚城錄中武士維尼胥，水滸傳中打虎英雄武松，三國演義中美髯公關雲長，這些史籍傳記中的豪勇之士，都代表著兩個字——「正義」。

正義，正是古代劍客所標榜的精神，這些俠士個個輕裘肥馬，笑傲江湖，經常踽踽獨行於大江南北之間，彈劍作歌，意氣豪放，那股「縱使俠骨香，不慚世上英」的神情，給歷史平添一頁頁吉光片羽的彩澤。

在暮色黃昏裏，風冷樹泣，雨寒草悲，這些壯烈的俠客，手握寶劍，身跨白駒，絕塵遠逸，從不回顧，一時「金石震而色變，骨肉悲而心死」的感人場面，映在方圓百里之內，悲婉慘艷，賺人眼淚。

仗義行俠，是人類崇高理想的表現，世界如果缺乏這種人，將變得單調無比，每個人可能安於現狀，更容易屈服於命運的安排，壞人橫行，欺壓善良，充滿「惡性社會」的危機。

現代社會裡真正行俠的人不多，各人多把道德視為私人財產，願意「路見不平，拔刀相助」的俠士日形凋萎，每人「自掃門前雪，不管他人瓦上霜」，他們怕管，更怕事，可以眼睜睜地看著一個少女遭人凌辱，也沒有人敢上前營救，那些自詡「英雄少年郎」，都成了「豪暴侵弱，恣欲自快」的無賴漢。

目前一些「俠士」，他們既想竊鉤又想竊國，或者身繫扁鑽和武士刀，自稱俠客之流，恐怕只能歸屬於雞鳴狗盜的行列了。「俠」的定義被抹殺了，但願有新的俠風能夠捲土復甦，替社會建立一個更完美的形象。

《佛所行贊》卷三：「慧者能自知，精勵求上進。」有智慧的人，往往有自知之明，追求知識，不斷進步。能認知自己的不足，努力彌補缺陷，才是「強者」的人生態度。

動腦時代

《五燈會元》卷六：「海水不勞勺子舀。」海水不因勺舀而枯竭，知識的寶藏永遠採掘不盡。這是尖端科技時代，人腦就像火球一樣，越滾越亮，終於散射出光芒萬丈的異彩。

人腦有若鐘錶，絕對不能停擺，否則就會生鏽，鏽生得太厚太多，就會把整個思想凝固成一團爛泥。

在人生長程的跑道上，人的智慧永遠戰勝一切，培根（P. Bacon）在所著的《新工具》中很自信地誇耀：「自然界應該受人類的征服，必須受人類的征服，並將受人類的征服。」在培根的觀念中，人就是宇宙萬物的主宰者，人之所以能征服萬物，就靠他的一副大腦，現在這個時代，用腦機會更多，不能用腦的人，不是白癡，就是精神分裂病患。

當你稍微注意四周的事與物，你會發現人的智慧已經發揮了極大的效能，大家都在動腦，而且在不同的時空裏不斷地動腦，廣告需要動腦，發明需要動腦，求知需要動腦，創業需要動腦，幾乎沒有一件事情是不需要動腦而能輕易得到。

很多人天天動腦，時時動腦刻刻動腦，可惜他腦筋動歪了，不僅沒得到好處，可能自己已成為階下囚。

動腦一定會有收穫，吉利（Gillette）因為有一次用不銳利的剃刀刮鬍鬚結果滿臉傷痕，鮮血淋漓，因此促發他發明「保險刀」的靈感。池田菊苗因為吃海帶煮的湯，特別感到清醇美味，因此發明了味精。現在有人利用雞蛋殼漂白衣服，洗刷瓶子陶器，還可以當肥料，生火，去油污，防止螞蟻，做手工藝品等，可見很多廢料能夠發揮它很大用處，這就看人肯不肯去動腦筋。從服飾展示，庭園設計，輕重工業的推展，商品的製造，甚至人類一切的民生問題，莫不需要自己盡心盡意的去動腦筋，只要腦筋動得靈巧，個人或團體都將有更舒適的享受。

日本文人政次滿幸說得對：「不會運用腦筋去創造自己命運的人，比那些不會利用天賦優美歌喉去歌唱的金絲雀更悲哀！」你我既生在這個動腦筋的時代裏，就應該不斷地去想，不斷地去努力，不斷地去奉獻，以盡一點做人的本分。

無求而為

《十住斷結經》卷三：「善則從之，惡則竊避。」對於正確的事物，應發揚光大，從善如流。不正確的事物，應盡力避開。

歷史上有很多名臣賢相，他的言行常常成為一代範式，宋代韓琦就是這樣一個人，他說過：「處事不可有心，有心則不自然，不自然則擾。」韓琦該算是一個很有哲學思想的人。

史家對歐陽修評價並不一致，但綜觀史實，他仍不失為一個守正不阿、嫉惡如仇的君子，歐陽修為人最值得稱道的地方，在於他能堅守一種原則——對事而不對人。當朋黨爭論最激烈時，歐陽修公開發表擁護范仲淹理論，因受牽連貶謫遠方，後來范仲淹復出，決定重用歐陽修，他聽到消息，馬上責難范仲淹：「我當時擁護范公，並不是為自己利益著想。」所以，他表明態度，只能與范仲淹「同其退，不同其進」，這就是他與眾不同的美德。

就常理來說，一個人能夠捉到這樣千載難逢的好機會，誰會願意放棄呢？

當今社會上要找像歐陽修這種人已不太容易，當然不是絕對沒有。就以台北「一一九」救護中心為例，該中心所出勤的勤務中，扮演著各種複雜的角色，而且經常發掘出許多感人肺腑的小故事，這個單位不是在表現個人的神勇，完全是在表現團隊的精神，那些幕後的英雄，充分散射出人性光輝的熱量，也正是「無求而為」的一種具體表徵。

台灣現在出現許多社會性服務單位，有的是真正替人解決難題，有的根本是掛羊頭賣狗肉。社會上還有很多人，做事是做給別人看的，他缺乏愛心，卻裝出一副慈善家樣子，他的任何舉動都有預期的企圖。在他的字典裏只有兩個字——「利」與「得」，他相信午餐不能白吃，他也不讓別人白吃他的午餐。

人生要在安定中求富足，又在鍛鍊中見其莊嚴。只為自己謀利益的人，只是一個利祿之徒，不為人所敬重。

有一次，一位中年朋友問我：「人生目的何在？」我不加思索回答：「為自我快樂而生活，為他我幸福而創造。」你認為對嗎？

金權時代

《廣弘明集》卷二十八：「捐軀濟物不邀名，輕財貴義豈期報。」古往今來，為理想獻身的，不乏其人。他們理想和事業奮鬥並不以名利為重，幫助別人，也不是為了期望得到回報。

馬克吐溫推出了風靡全球的「金權時代」這個名詞，接著「金權思想」、「金權觀念」、「金權風潮」、「金權鬥爭」、「金權政治」等一連串相關名詞都應運而生。時至今日，仍然是一個時髦的字眼，而且還衍生出許多不同的精義。

民主政治，往往依附著很大的金權力量為其後盾，就以美國選舉總統、州長或國會議員來說，候選人本身條件是因素之一，而金錢的支援亦為不可或缺的重要推動力。選舉是考驗才能，但也是考驗鈔票，沒有錢的候選人，縱使有通天本領，恐怕也走不進白宮的總統官邸。

金權時代容易滋生物慾橫流、自由膨脹、崇拜偶像和恐怖主義等特殊政治背景，社會在五光十色中顯現出安定中的凌亂。每個人都享受最大自由，都可以任意攜帶槍械，有時在激動情緒下，一旦理性瓦解，就會迸發出原始野蠻的面目。美國是一個高度文明的國家，但也是一個充滿邪惡暴行的社會，甘迺迪、雷根總統遇刺，就是一個明顯的實例。

自由民主的國家，是一個進步的國家，卻未必是一個理想的國家。處此非常時期的台灣，談民主、論自由，都應該有適度的限制，否則走火入魔，極易導致偏激的心態發展。金權社會，人情味淡薄，深受現實主義的衝擊，大家勾心鬥角，製造糾紛，使平凡人的生存權利受到極大的剝削和干擾。

《尚書・洪範》：「無偏無黨，王道蕩蕩。」我們是一個開放國家，也是一個民主國家，然而，我們不希望自己國家太開放或太民主，因為有一些國民的知識水準、道德勇氣和愛國情操還沒有達到一定的標準。

在政府應天順民，孳孳為治的今天，我們對於過去那些不良惡習，最好能夠設法「改絃易調，庶變風俗」，大家心目中要有一個「道德的神」，那不是天主，也不是佛祖，而是光明磊落的自我。

蓋棺始能定論

《五燈會元》卷十二：「為眾竭力，禍出私門。」身負大任者，要知吃虧是福，為公眾的事業，應竭盡全力，如果私心太重，必定招來禍患。愛國不是義務，也不是權利，而是一種責任。誰不愛國，誰就是人民的公敵。

有人喜歡高喊愛國口號，卻盡做禍國殃民的勾當。有人確實愛國，但口頭上又專說一些攻訐政府的言論，因此，這兩種人都有違愛國的旨意，尤其是前者口蜜腹劍，完全像李林甫一樣令人不敢領教。

千古忠奸，終有定論，古詩有云：「周公恐懼流言日，王莽謙恭下士時，若使當年身便死，一生忠佞有誰知？」可知一個人生命之長短都可能影響到他人格的評價，善於偽裝的人，常用偽善的笑臉去矇騙善良的心，中國歷史上，不但可以找到王莽這種人，就是曹操、汪兆銘亦屬一丘之貉。王充在論衡的累命篇中一針見血說：「邪偽之人，治身以巧俗，修詐以偶眾。」所以，判斷一個人的善惡，絕不能憑片面之詞，或單純的觀點。

易卜生在《社會棟樑》中，描寫那位欺世盜名的偽君子鮑里，是如何的狡猾、卑鄙和不擇手段。蕭伯納在《鰥夫之屋》中的那位偽善者，也是以一副為社會服務的慈善態度，掩飾他巧詐陰狠的嘴臉，但社會上很多人都被矇在鼓裏，以致使他們享受到一份不應該屬於他們的榮耀。

今天，我們社會上，依然混雜著很多這種面善心惡的人，他們讓別人看到自己「高貴的言行」，卻沒有讓別人看穿自己污濁的心靈，然而，他的偽裝經不起時間的考驗，他們壽命越長，越容易露出隱藏的真面目，他們原先是在求名，無奈最後只得到一個臭名。

《法句經・愛身品》：「習善得善，亦如種甜。」人生有風雨，也有陽光，做任何事情，都講究一個心安理得，只有做到了心安才免去了後悔。世界上有很多笨蛋常被愚弄，但遲早總有一些聰明人會發現對方的真偽。

「人過留名，雁過留聲。」一個人既要留名，就該留芳萬世，別人千萬別太早替他下結論，這個結論最好等到蓋棺那天再去揭曉。

企業家的風範

《佛所行贊》卷三：「錢財非常寶，宜應速施為。」金錢、財富並非一成不變的寶貝，應該使它儘快地產生效益，為社會服務。企業家是具有大氣魄、大胸襟、有抱負、有遠見而甘冒風險的人，他必須有堅苦卓絕的耐力，臨危不亂的膽識，有成功的信念，有成就的信心，有飛上枝頭當鳳凰的壯志。

企業家的成功與失敗，深受多種因素的影響，各佔可能性百分之五十。成功的企業家未必能實至名歸，失敗的企業家也無法作蓋棺論定。一個企業者在長期的經營過程中，成敗的起伏是在所難免的，最重要的是他必須始終保持良好的企業精神與企業風範。

台灣大企業很少，絕大部份仍屬中小企業型態，這些企業又多屬家族式經營，所以虧損和倒閉都還不至太過嚴重，最怕是那些多角化企業在擴大經營方針和範圍時，因為需要增加大量資金，卻又經營不善以致發生內鬨或捲款潛逃的情事，結果留下一筆爛賬，而引起社會輿論一片熱烈的聲討和制裁。

前些日子，大同股份有限公司，公司派與市場派，經營之權延燒，鬧得風雲變色，使社會人士產生惡劣反感，姑不論誰背黑鍋，誰扯紕漏，但這渾水是越翻越臭的，對於那些小額投資股東，無疑是太不公平的精神虐待。

一般人都認為企業家要具企業知識、企業判斷，和企業精神，更重要的是能肩挑企業的使命感；凡事信其可為，當即為之，而且要用全心全力去求發展，以開創最佳業績和最大利潤。

企業家的生命可以終結，但企業家的精神要永垂萬古，如果徒然以短視的眼光，作淺薄的打算，縱使有所斬獲，也不會大有作為的。

生命的意義是為了服務，生活的價值是為了奉獻。大企業是一個納百川而成滄海的巨流，源遠流多，驚險萬端。一個企業經營者永遠是走在山尖拾荒的人，他隨時有遭致命阻擊的危機，因為「沒有困難，就沒有企業」，企業家就是從困難中磨練出來的勇者，不能因小挫自砸招牌，不能因小險自亂陣腳，企業團體不是游擊隊，而是正規軍，成功或失敗都要保持光榮的記錄。

君子慎行

《莊子・人間世》：「美成在久，惡成不及改，可不慎與！」要玉成一件好事必須經過長時間的努力，而錯事一旦釀成，悔恨也來不及了。人生數十年，辦事怎麼能不慎重呢？

行為科學已成為本世紀最熱門的知識，社會學家正在醉心研究個體在群中為什麼會發生行為的變化，道德規範一直在約束人類行為如何能達到社會道德認可的標準，然而，社會上暴力事件仍然層出不窮地上演，考其原因，主要是人類對於自己行為疏忽檢點。

看淡自己是般若，看重自己是執著。現代人都太聰明，他睜著大大眼睛看別人，但卻蒙起心去體認自己，他看到的盡是別人的缺點，對於自己過錯都採取一再寬忍的態度，他天生一副批評別人的嘴，他忘記別人也睜著大大眼睛在注視他，因此，他只懂得「慎察」，不懂得「慎行」。

有人批評社會秩序愈來愈亂，可惜他自己在大街小巷亂擺地攤。有人批評護士醫生缺乏醫德，可惜他自己正是最沒有責任感的病人。有人批評台北交通太亂，可惜他自己駕車一樣橫衝直撞。有人批評別人沒有政治勇氣，可惜他自己比誰都怕惡勢力。有人吹得天花亂墜，做得亂七八糟。他建議政府蓋人行道，自己卻喜歡在露天下散步。

研究民族性格特質的人指出：「德國人是做了不說，中國人是說了不做。」這種評論雖然有點主觀與偏見。不過，中國人說得太多，做得太少也是事實，因此，我們要改變這種觀念，不僅要慎行，還要慎言。

做事時多為別人想一想，犯錯時多對自己看一看。其實，一個人慎言慎行的目的，也只是在表揚社會的美德和善良風氣。古人強調「為善最樂」的道理，明確揭示：「行善之人，如春風之草，不見其長，日有所增。行惡之人，如磨刀之石，不見其損，日有所虧。故君子慎行也。」一個人有為有守，必須能照顧別人，還懂得照顧自己，在日常生活中，縱使不能行善，也應該走其正道，讓自己承受春風，也讓別人承受春雨，讓大家在春風春雨中感受到生命的充實。

危言聳聽

《列子・天瑞》篇中的一則寓言「杞人憂天」，後來成為一個固定成語，常用來諷刺不要去擔心那些不切實際的事物，很能發人深思。古代「杞人」不少，現代「杞人」更多。預言家常說世界將會毀滅，其實世界要是真的毀滅了，你逃到那裏都還不是一樣？

近年來，報上經常發佈不夠成熟的新聞，專家也常常說些不夠完整的話，但是對於一般民眾發生了嚴重的心理威脅。就以新聞報導來說，台灣再次爆出一系列的重大食安問題事件。

例如，素食含動物成份、鎘米、麵條含雙氧水、毒鴨蛋事件、假鱈魚、工業漂白劑白豆芽、回收不良蛋重製販售等，現在科學進步了，發現問題也愈形複雜，使消費者幾乎食不下咽，甚至因噎廢食，最後也一樣地坐以待斃。

活到四十二歲就去世的大思想家齊克果，因受其父「預定論」影響，自信脆弱多病的身體最多只活到卅四歲，因此把大把鈔票都花光了，後來才徹悟預言並不可靠。今天，社會上有很多人喜歡譁眾取寵，說些似是而非的談話，樂了自己，慘了別人，有人把這些話都當作聖旨，徒然把自己幽禁在摸不出通路的暗室裏，孤獨地嘆息，無助的彷徨，孰令致之，這是誰的罪過？

現代人既敏感，又善於誇大，對於任何問題都喜歡訴諸情緒化的判斷，今天說抽菸會生癌，明天說喝酒會長癌，也許有一天發現吃飯會生「食道癌」，癌也許還沒發現，人已經到殯儀館報到。

聰明的現代人，多裝出聰明狀，別人說出聽不懂的話，也不敢輕易發問，以免出自己洋相。《史記商君列傳》：「千羊之皮，不如一狐之腋；千夫諾諾，不如一士諤諤。」老實說，大家都在那兒連聲的依從，不如有一個人能站出來為真理爭辯，有那樣多不值錢的羊皮又能派上什麼用場，還不如擁有一塊價值連城狐狸披尾。

《佛本行經》卷一：「守志不錯亂，眾邪不得下。」時代不同了，以前吃不死的東西，現在都變成「奪命符」，許多話只能作為參考，您千萬別作繭自縛。

作家需要進修

《五燈會元》卷二：「事理既融，內心自瑩；復悲遠學，虛擲寸陰。」知識往往是相互關連的，要能夠融會貫通，學而有用，如果沒有深切領悟，即使所見甚多，也仍然是光陰虛度，勞而無功。

在國中時翻開《紅樓夢》，只看幾頁，就已頭昏腦脹，大學時代，已經能回味一點哲理，現在年已老邁，看起《紅樓夢》，就情趣迥然不同。張潮說：「少年讀書，如隙中窺月；中年讀書，如庭中望月；老年讀書，如台中玩月。」的確，「庭中望月」和「台中玩月」，其境界要比「隙中窺月」遼闊多了。

讀書人境界，隨年齡而增長，寫作人境界，如果永遠囿限在這個小天地裏，那一定會隨著歲月而淘汰掉，有人說：「讀書是最現實的裁判。」沒有進步的作家，都要做走進後台的準備，難怪過去有些名氣很大的作家，現在早已煙消雲散，成為白頭宮女，只好重溫那撈不回的千秋美夢。

在作家群中，有二派作家最顯眼，一派是「冰棒型」作家，作品叫座而不叫好，深受下階層女性的歡迎，每本書都很暢銷，但實質上內容極為貧乏，也沒有深度，這類作家讀書不多，不過觀察力極為敏銳，表達能力也高人一等，他的作品像「行雲流水」，容易懂，更容易消化，如夏天的冰棒，見熱即溶，但缺乏耐力和持久性，他的文章千篇一律，偶爾心血來潮，也有佳構出現，只是看多他的著作，就知道此公原來不過如此。

另一派為「鐵丸型」作家，這派作家，書讀得很多，但泥古不化，像生炒的豬肝或二成熟的牛排，有人愛吃，有人見血封喉，他的作品很有思想，也深有見地，只可惜硬邦邦使人無福消受，不是他的文筆不好，而是他的文句太過僵澀，他縱使有八斗文才，卻只能發揮半升，他的書也許叫好絕不叫座。

這兩類作家不是不好，卻很難維持長期「票房紀錄」。

作家最怕沒人看他的作品，因此，一個有作為的作家，必須像老師一樣，不斷進修，不斷充實自己。《出曜經》卷十九：「慚愧之人，智慧成就。」虛心的人總是自覺不足，因而嚴格要求自己，不斷進步。

正確價值觀念

《佛所行贊》卷一：「以義求財物，無有貪利心。」我們追求物質利益要講道德，要取之有道，不能貪利而忘義，以不正確的方式謀取錢財。

價值系統是尖端科技時代的生活指標，每一個人，對價值標準本來就不一致，因此，對同樣一樁事物可能產生「雙重」或「多重」的標準。

一八八三年出生於黎巴嫩的聖哲季伯蘭，他曾經寫過一篇「價值」短文，大意是說有一個人在偶爾機會中，挖出一塊埋藏地底，千餘年的大理石，色澤鮮艷，光彩奪目，他就拿去求售於一位古董收藏家，經收藏家鑑定後，覺得這塊大理石確屬稀世之寶，立即答應以高價收購，這位先生拿到大把鈔票，一路喜不自勝地思索：「世上竟有這樣愚蠢的人，用這樣多錢來買一塊已埋在地底下千餘年的死石頭。」可是，收藏家卻有另外的想法：「這個傢伙真笨，竟然為了一點死鈔票出售這樣珍貴的寶物。」這則寓言給我們一種強有力的啟示：印證每個人因觀點不同，回饋出不同的人生價值觀念。

在這個紛爭不已的社會上，有人為了做官，不擇手段地走旁門邪道，縱使撈個小官也深感自慰。有人為競選民意代表，自己沒錢，也得向別人賒借，一朝當選，誰能摸清他真正財務狀況。像一位本來炙手可熱的政治人物，只因選舉欠下巨額債務，經營的龐大企業也因周轉不靈，只好宣告破產。儘管事後否認完全因競選欠債而導致這不幸的結局，但不能否認，競選所積欠的債務，卻是重要因素之一。真是「政海浮沉原是夢，忍看幾度夕陽紅」。

台灣有兩樁妙事，幾十年前是拜拜弄得傾家蕩產，現在卻為競選搞得焦頭爛額，所以，有人主張應該簡化選舉方法，並用公費來支助選舉，使貧寒之士，不必舉債競選，使賢能之士，也勿須望「選」興嘆。

民主政治是大家的政治，應該讓大家都來熱心的參與，但價值觀念必須正確，否則，民主的招牌將被利用作為宣傳的工具。

《曾子・疾病》：「苟毋以利害義，則辱何由至哉！」人如果不以私利害公義，那麼恥辱從何而來呢？

書香社會

《十門辯惑論》卷下：「若春露之輕滋，學漸潙器。同秋瑩之末景，業謝傳燈。」的確，知識都是千百萬人一點一滴積累而成的，學業道理也是從古至今逐步豐富、發展而來，並且不斷傳承下去的。

台灣近年已脫離文化沙漠的巢臼，正邁入文化綠洲的殿堂，但想躋身文化大國的行列似乎猶待加倍的努力。

這幾年我國教育水準已不斷提升，出版事業也表現超乎尋常的蓬勃，社會上可讀可看的書籍，著實為數驚人，可惜一些粗製濫造的低級趣味出版物，卻貶減了這些輝煌的成就。

在書香社會裏，應該洋溢著平和融洽的氣氛，人與人交往，有著一股濃烈的真實感情，當您走過每一條街、每一棟房子，都能夠嗅覺到豐富的文化氣息，而每一個人的臉上、眼裏，也都發著書卷的神韻。然而，台灣目前社會出現著強烈的矛盾衝擊，一方面積極推展文化教育，另方面到處發生暴戾案件，儘管這是過渡時期必然的現象，但是，這種現象顯然潛伏著進步的危機和阻力。

近來社會不斷出現駭人聽聞的消息，像南投認識逾二十年殺友輕生2死案，中古車行假車禍詐保集團案，六十三歲狠虐死五歲孫案，高雄轉接「165」險丟54萬新型態詐騙案，諸如這些大小不同的案件，給我們一種很沉痛的感受，就是社會仍然沒有達到一種很和諧的境界。

要想淨化這個社會，首先就是要從文化工作著想，使每個人，都能化暴戾為祥和，大家涵泳在德性的薰陶裏，充滿靈性的美感，用良善的心胸去擁抱這個社會，《辭源》解釋靈性為「靈慧之性」，所以，具有靈性的人，必定愛人，也被人所愛。詩人說：「凡美的，不一定良善；凡良善的必然是美。」倘若這個社會的組成份子，都具備良善的德性，雋逸的靈性，配合互助合作的天性，相信這個社會會出現很完美的景象。

書香社會是一個完美、盈實、有人情味的社會，因此，我們要付出更大的努力，使這個社會更書香化。

蛋頭專家

《雜寶藏經》卷三：「慧者遠離至他方。」那些自以為聰明的人，實際上往往很淺薄愚昧，也聽不進別人的批評建議。

工業社會，分工精細，各行各業都製造了許多型態不同的專家，這些專家儼然以不同凡響的身價，周旋於達官顯貴的上流社會之間。當然，有些是真才實學，令人敬重的專家，但有些卻是裝腔作勢，令人作嘔的專家，究竟誰算專家，且看我對專家不同的歸類。

第一種專家是金字專家：他擁有實至名歸的卓越才華，有思想、有見地、有他個人獨特的創見與貢獻，為人本份，不喜誇張，深具與眾不同的性格與氣質。

第二種專家是彈簧專家：他很有伸縮性，缺少堅定主見，東風東倒，西風西斜，彈性太大，被別人牽著鼻子走路。

第三種專家是駝鳥專家：一受別人攻擊，馬上抱頭夾尾鼠竄而去，他可以把頭插在沙堆裏，屁股讓人無情摧殘，表面上他涵養到家，實質上他是經不起別人的任何稍具實力的挑戰。

第四種是蛋頭專家：這種專家柔軟無骨，一碰就破，他胸無點墨，卻擺出一副笨拙黔驢的醜姿，在任何場合裏，都喜歡亮相，出風頭，說些別人聽不懂，也難被別人接納的話，他沒有本錢，但鼓鼓的外衣，好像裝滿了鈔票，一旦遇上剋星，不是被整垮，就是退縮到幽閉的世界裏，他很有知名度，不過，那僅是浪得虛名，不值一提的丟臉事。

以上專家群中，以蛋頭專家（Egg head）最受人注目，風頭也最健、數量也最多，這些蛋頭專家，滑溜溜的、八面玲瓏、四處逢源，也深懂自衛的招術，往往在自己蛋頭外圍包上一片堅硬的鐵片，用一種障眼法去排除一些對他不利的侵犯，不過，當他鐵片一旦滑落後，就成為死無葬身之地的過街老鼠。

慾深無底，貪無止境。《法句經》卷三：「若多少有聞，自大以憍人，是如盲執燭，炤彼不自明。」正是人如果知之有限，就妄自菲薄，就好比盲人點蠟燭，只能照亮別人，而自己仍在黑暗之中。

錢權並存

《五燈全書》卷一百六：「人人心地明如鏡，個個眉毛眼上橫。」比喻人們的眼睛是雪亮的，是非自有公論。強權代替不了真理。

有一天搭乘計程車，看他開得太快，很客氣請求他：「司機先生，請開慢一點好嗎？」「好，當然好！你要我怎麼開，我就怎麼開。」「你幹嘛這樣說？」我很訝異表示。「先生，你不知道，有些乘客希望開快車，一上車就命令我開快些，因為他要趕時間，像你先生要我開慢一點，還是生平第一次。」「別人要你開快車，也不能違反交通規則啊！」我提醒他。「那有什麼辦法？他有錢，就有權！」司機斬釘截鐵地回答。

「他有錢，就有權」這句話給我很深感觸，今天這個社會的確已經強烈地吹著這種歪風，有些人用錢來控制別人，利用別人、驅使別人、甚至氣死別人，「金錢萬能說」早成了金科玉律。

不過，現代對錢就是「權力、權威、權勢、權柄、權利、權限」定義，有更深一層的詮釋，很多人用錢來衡量一切，決定一切，使沒錢的人硬是矮了半截，儘管有人否認「金錢萬能說」，可是輪到他面臨難題時，也只好俯首馴從。

法律、道德、人格，也許會使少數硬漢子，從不向金錢屈服，然而，絕大多數的人，沒有不被金錢牽著鼻子走，結果在一方讓步，一方貪得無厭的需索下，錢與權結成不解之緣，有錢的人，可以要求別人做什麼，或者不做什麼，沒錢的人，可以不做什麼，但在某種情況之下，又不得不做什麼。錢不是律令，也不是聖旨，卻是一種壓力，這種壓力能使你喘不過氣來，而舉手高豎白旗。

聖嚴法師說：「世間本無垢與淨，祇緣自起分別心。」社會現實的風氣，使富人與窮人生活在兩極的尖端，有錢就有勢，他可以用錢買通一切，用錢來表現他的力量，別人多蓋一間小房可能是違法的，但他公然在大廈屋頂上蓋上堂皇的套房卻成為別人羨慕的標誌。

世間沒有絕對公平的事情，鈔票最容易使萬物變質，孔夫子也認為「貧而無怨難」，所以一個「食不飽、力不足」的人怎能禁止他對金錢不產生奢念呢？

老而有用

《鐔津文集》卷一：「而萬物變化芒乎紛綸，唯人為難得。諸君人傑愈難得也。」世事紛繁，萬物競存，大千世界中以人最為可貴，其中傑出的人才更難得。人才是事業成功的根本要素。

在這個時代下，老人所保有的習慣及想法，被年輕人所忽視，多把年邁老人歸入老朽的死檔，因此，做子女對於父母也不再像過去那樣滿懷孝思，長此以往，老人內在的自我意識開始崩潰。

今天世界各國大量起用青年才俊，對老年人不惜作嚴格淘汰，其實這種觀念是值得商榷的。《子略》一書記載，文王看到九十餘歲的鬻子時，惋惜他已年老不堪重用，鬻子很不以為然地表示：「君若使臣捕虎逐麛，臣已老矣，若使坐策國事，臣年尚少。」鬻子的自信心很強，故文王不得不另眼看待。

老年人可分兩種，一種是老化，一種是老而彌堅，一個跟不上時代的人，自然會受到時代的淘汰，但一個自強不息的老人，相信誰都得敬他三分。

「老」——並不意味著落伍和退步，相反地「老」含一種經驗累積的精神象徵，有些人，人老了，心境永遠年輕，他不僅是顧問人選，而且是統帥幹才，這種人特別值得驕傲，因為他是倒不下去的人。

我們應該重新評估「老」的意義跟價值，使老年人在家庭或社會上都能得到他必須得到的適切地位。凡是一個老年人，他都經歷過一段很長時間的「年輕時代」，在那個時代裏，他承受過很多啟發式的教育，他的思想與觀念縱使有點執著的定型趨向，但依然是很有參考的作用。

歐美國家多把老年人擠進「活的墳墓」裏，他們天天講人道，卻不講孝道，結果捨本逐末，把社會鋪上一層不透明的網。我國比較重視孝道，可惜深受西風感染，也呈搖搖欲墜的危機，為消除社會這種不道德的風氣，最好辦法是趕快重建「老而有用」的形象。

每一個人都是獨特的、尊貴的。經驗、環境及遺傳造就了不同的我們，無論是什麼樣一個人，都必須學會接納他、喜愛他，因為「他」畢竟是你自己。

掌握繁榮時刻

《護法論》說：「推己之驗以及人也，豈虛言哉。」人們親身體驗而產生的結論或經驗，往往是十分可貴的，百聞不如一見，百見不如一試就是此道理。

時代考驗人類，人類該如何創造時代呢？且看歷史上許多名人是如何在不同的時代裏，創造他富足的人生。

艾德溫藍德費盡心機，發明瞬時拍出彩色照片的拍立德照相機，使他成為舉世聞名的巨富。豆芽大王吉諾普陸奇，有一年替他老闆推銷表皮已經變成黃黑色的香蕉，他靈機一動，把這些皮蕉肉香的香蕉，美其名為「阿根廷香蕉」，而且價錢提得高高的，顧客為著好奇，莫不踴躍搶購，銷路奇佳，利市三倍，後來他根據推銷香蕉經驗去推銷豆芽，致使這種東方名菜也在歐美市場大出風頭，普陸奇也就這樣地成為普天之下罕有的財閥。這兩位傑出的名人，他們的成功是慮事深遠，謹身節用，懂得創業，更懂得發明。

每一個人都擁有一份獨特的智慧，如何善用智慧，開創事業，均有賴於自己的決心與恆心。在自由台灣經濟突飛猛進的現階段，幾乎人人都過著舒舒服服的生活，不過，台灣還沒有達到最理想的標準，許多建設還可以精益求精，許多新的行業還可以讓年輕人去施展抱負，與其說台灣就業問題愈來愈困難，還不如說台灣就業市場愈來愈狹窄，創造就業機會，開拓就業市場，都是解決就業問題最值得嘗試的途徑。像艾氏和普氏，他們不但替自己提高了身份和地位，也替廣大尋覓職業的人，安置了一份理想的工作。

聖嚴法師說：「人生要在平淡中求進步，又在艱苦中見其光輝。」生活絕對是主觀，它是自己本質的投射，如果無法接納它，便看不出生活的可貴。

歷史記載著我們祖先輝煌的事蹟，但沒有一個時代比現在更有創造性跟誘引力。民以食為天，人類必須衣食充足以後才能夠顧及廉恥問題，陶淵明說得沒錯：「人生歸有道，衣食固其端。」故歷代賢明君主都是全心全力地設法讓老百姓過著豐衣足食的生活。現在台灣正是這個最繁榮的時刻，我們要共同地去發明、創業，推動時代巨輪邁向更有希望的明天。

相煎何太急

《警世通言‧拗相公飲恨半山堂》說：「不可以一時之譽，斷其為君子；不可以一時之謗，斷其為小人。」判斷一個人的好壞，不應根據一段時間內人們對他的稱揚和詆毀，而應該根據他的全部言行來看其為人。

遇刺的羅馬大帝凱撒，在臨終前，發現參與陰謀的叛逆份子中，竟然有他平時最親信，也最關心的臣子布魯特司，其內心的沉痛，是不難想像的。歷史上有句發人深省的雋言「最大的敵人往往是你最親近的朋友」，假如這句話完全合乎邏輯，那人性實在太殘酷，也太卑劣了。

古代人心已夠狠毒，而今人心更為奸詐。很多人為了私慾不能滿足，多年好友可以反目成仇，甚至列舉許多似是而非的莫須有罪狀，加在一個正直善良的受害者身上，當那個人被他擊倒後，他發現自己已笑不出聲音，他能夠流出的卻是慚愧的淚水。依據史書記載，林肯是被一個求職未遂的人所刺殺，甘地也是被一個宗教狂熱者所槍殺，這兩位偉人其所以壯烈的犧牲，都因為刺客的私心而蒙蔽了他們的良知，難怪羅家倫先生說：「人生至此，天道寧論。」

人活在世上絕不能太紅，太紅就會發紫。當你太紅時，別人就會看得眼紅，一旦「紅眼」，其潛伏性危機就暗中萌釀，稍有不慎必遭殺身之禍。明朝文人謝在杭曾經把人類嫉妒心理作過深刻的描繪，他說沈約只要聽到別人一點好處，就會「萬箭攢心」的難受；鍾繇只要看到蔡中郎筆法，立刻激發「拊心嘔血」的感受，像博覽經典的沈約和鍾繇尚且如此，等閒之輩當然更不在話下。

現在社會上檢舉和告狀風氣很盛，這些靠檢舉和告狀起家的人，平時閒得無聊，一看別人升官發財，就產生憎恨心理，他恨父母無能、恨遺傳基因欠佳、恨祖先缺德、恨祖墳風水不夠靈光，最後恨那些擋住他風光的人，因此他心一橫，膽一大，就什麼招數都渾身解出，對他有什麼好處，他一概不管，也根本不知，他嫉妒發瘋，不是把別人逼成瘋子，就是自己住進精神療養院。

聖嚴法師名言：「擁有的多，不一定讓人滿足；擁有的少，不一定讓人貧乏。」事事要恰如其分，不可刻意追求。

為什麼自殺

《莊子・駢拇》：「夫小惑易方，大惑易性。」人們對小問題上的疑惑，會使人改變認識和初衷，而對大問題的迷惑，會使人的本性發生變化。「一失足成千古恨」「覆水難收」都蘊含著這個道理。

心理學家早就指出，人有求生本能，也有求死的本能。在近代工業社裏，這種情況尤為顯著。人活著，想繼續活下去，這本來是正常的現象，但是，有些人活得不耐煩，卻想盡辦法去結束自己的生命，這必定是在萬念俱灰之下才萌生這種動機！這種人值得同情，更值得重視。

存在主義認為人從出生就不斷向死亡邁進，當一個人想自殺時，似乎正如沙特《心死》一文中所標示，因為他已經缺乏生存的勇氣。米契爾・巴金寧說：「死是破壞的衝動，也是一種創造的衝動。」艾互里茲自己自殺過，因此寫了一本轟動社會的《自殺研究》書籍，不過，他寫道：「我幼稚地希望死亡不但能結束這種絕望，而且又能夠解答這種絕望。」事實上，自殺是一種具有強烈暗示性傳染力量，難怪早期歐洲人對自殺人採取不寬恕的懲罰行為。

以前有人一時想不通，竟服下「通樂」企圖自殺，不幸求死不能，反而使消化器官受強鹼的腐蝕而痛苦不堪，從此要在身體外部，另造「人工胃管」插入體內，以吸收食物，維持生命。這種「通樂一通就樂」的幻念，已變成「通樂終身不樂」的惡果，這不知道是因為他一般常識不夠，還是死亡蒙蔽了他的理智。他為自己帶來痛苦，也為家人帶來悲哀。史坦格所著《自殺和自殺未遂》書中，就提到這些問題。所以，防止自殺應該列為社會所必須研究的主題。

每一個想自殺的人，都可以說出一大堆似是而非的理由，然而，這些理由都是經不起分析的。我認為「死亡的衝動」是「一時的迷惘」，並不是「重複的強迫」，稍具理性的人，都有相當的勇氣去克服這種來自四面八方的壓力。一個人要懂得因果關係，潔身自愛，行善為樂，佛陀說得很明白：「現在之果，即過去之因；現在之因，即未來之果。」想自殺的朋友，不要太相信「宿命論」，你應該去體認「因果論」，從現在開始，先種「好因」，待收「善果」！

內心慈光

《十方大廣佛華嚴經》卷七：「心常慈忍離惱害，拯濟危難無救者。」人要有寬厚仁慈的心，真誠幫助孤立無援的人。佛教倡導慈悲為懷，普救眾生，其中所包含的就是人類不斷追求的平等、友愛、互助的精神。

捷運車站放置了幾支良心傘，當每個人借用雨傘時，不免會發出遲疑的讚佩；是誰獻出這份高貴的感情？

很多人批評這個社會的缺點，但他沒有看到社會美好的一面。有不少人一直在做著有益社會的事情，可惜大家忽略了他的存在，甚至每天在不同的大街小巷裏，都隨時有著感人故事在上演。

幾天前，我在西門町附近看到一位身障者，拿著一疊彩券坐輪椅上兜售，適好有一位老先生迎面過來，他馬上請他買一張彩券，老先生擺擺手就走了過去，但他走不到五、六步，就回頭喊住那位身障者，問他一共還有幾張彩券，身障者清點一下，告訴他還剩下二十七張，老先生掏出六千元，接過彩券就往前直走，身障者跟在後直嚷：「您給我太多了！」「不必找了，剩下算我送你。」「不！我們賣彩券的，賣一張算一張。」老先生好像沒聽到這一句話，攔了一輛計程車就揚長而去。這個賣彩券的和周圍看熱鬧的人，一時都呆在那兒，我深受感動，不禁為這份聖潔的人性而喝采。

這個社會富人很多。不過，像這位老先生懂得用錢的人並不多，有人並不富有，但他卻懂得用少數的錢做最有意義的事情。文壇奇才索爾貝婁，對於金錢有過很精妙的巧喻，他說：「人活著的時候被錢包圍，就像死後被土包圍一樣。」據我所知，確有人把錢連他的心都鎖在「保險櫃」裏，直到啟箱時，才發現錢跟心都早已「潰爛」。

記得很久以前，我曾路過忠孝東路，遠遠看到一個小男孩跌在地上，三個大人路過他的身旁，竟沒有一個人蹲下去把他扶起，當我接近小孩時，才看到一個騎腳踏車青年特意停車把他抱了起來。人一生的罪與福是人自作的，這種「美」與「醜」對比的畫面，給我很深的感觸，我想不通，誰該點燃內心的慈光！

投胎學

《五燈全書》卷一百五：「家家有路透長安。」每一個家庭，每一個人都有通向成功的道路，關鍵在於選擇。

「將相本無種」這句話，純從人性面觀點來看，的確具有相當激勵作用，但實際上龍生龍，鳳生鳳，一旦發現犬父生虎子、母雞生小鷹，那是奇蹟，根本不是常態。研究遺傳學的專家，都相信先天遺傳，對人類能產生某些決定性的影響力，甚至在政治舞台上也不得不重視「投胎因果率」。難怪現代相術大行其道，「命」可以不信，「種」豈能生疑，沒有「好種」的人，豈能「好命」？

競選期間，出現許多「接力賽」現象，有的是兒子繼父親出來競選，有的是女兒接父親的衣缽，有的是外甥接舅舅的棒子，有的是女兒替母親出頭，五花八門，熱鬧非凡，將來是否另有新招，就只好靜待發展，不過，這些理論綜結起來還是「肥水不落外人田」，他們好命的子女，註定就是「龍的傳人」。

競選講求「技術」與「技巧」，運用之妙，存乎一心，因此，要「捉住適當時機，做適當之事」（Do the right thing at the right time），光靠「投胎理論」，恐怕還有斟酌餘地。祖上餘蔭，只能供作乘涼之用，要想居室舒適，我想還得加些鋼筋水泥。

《艾子雜說》中那隻倒霉的鴨子，被獵人一擲再擲地逼其去捉兔子，難怪跌得皮破血流，最後忍無可忍申訴：「我是鴨子，宰了可以佐餐，何苦這樣虐待我？」主人不滿說：「我要你去捉兔子。」鴨子這時伸出鴨掌，慢條斯理說：「你看我這副爪子，也能捉兔子嗎？」

有些事情實在不能太勉強，有時往往弄巧成拙，徒勞而無功。正如柳宗元筆下那位善吹竹笛的獵人，他在深山中遇到虎，只得用笛吹出人熊的吼聲，結果把虎嚇走，卻引來真正的人熊，人熊四顧別無獵物，只好把獵人分屍吞食，所以，一個賣弄絕技的人，有時連生命都保持不住，那他還能有什麼作為？

競選是鬥智、鬥錢、還鬥心，祖上積德只能幫他一點小忙，如果自己技巧運用不當，可能也會像上述的鴨子和獵人。個人人格可以從「態度叢」中去表露無遺，自造福田，自得福緣，誰最能把握人心，誰就是最後勝利者。

殯儀館啟示錄

《法句經・生死品》卷三十七：「命如果待熟，常恐會零落。已生皆有苦，孰能致不死。」人們對於死的恐懼，猶如一顆待熟的果實，擔憂不知何時墜落一樣。是生命就必然免不了苦難和挫折，有誰能長生不老呢？對於「生命」，要充滿無限的希望，要珍惜有限的人生啊！

數天前，我到殯儀館去弔祭一位去世的老友，他的遺照像生前那樣的安詳，高高地掛在廳堂上，他一生熱衷名利，過去的一切風光都隨著死亡而埋葬。但當我走出殯儀館，就突然想到：「他過去爭名奪利，此刻又留下什麼？」於是，我異想天開地泛起一個假想的念頭，人如果能經常到殯儀館走動，也許比任何教育效果都大，因為親身的體驗與感觸，比任何金玉良言都更能發揮教化的功能。

人性論眾說紛紜，依比較分析，人應該是無善無惡的，人本來猶如一張潔淨的白紙，深受後天生活環境的感染與默化，倘若一個人在長期生活過程中，受到太多的折磨或虐待，很可能使他產生懷恨和報復的心理，正如瑞典作家史特林堡（S trindberg）所說：「如果接二連三遭遇的全是不幸，那麼人就都會變成狼！」

唐先生，本性極為善良，原為忠厚商人，不料商場上被人詐騙二次，因此，他也不甘示弱地用空頭支票去騙取財物，結果東窗事發，鋃鐺入獄。

郭先生，少時極不用功，父母把他當作廢料，但他高中畢業後，意外考取大學，從此廣交良朋益友，最後卻獲得國內碩士和國外博士的最高學歷。

人類禍福無常，成敗也難定論。有人過分工於心機，奸刻成性，在任何團體中喜歡製造是非，把得失看得太重，經常與人傾軋與爭執，最後鬥垮了自己，也鬥垮了別人。有許多坐在監獄裏的犯人，一定會省悟到當年只要稍微再想一想，就不會落到如此田地。

「多才惹得多愁，多情便有多憂。」活在世上的人，整天爭爭吵吵，惟有走進殯儀館始能悟出禪理。為人要存心善良，與世無爭，這樣才會自甘其樂，逍遙一生。人生原是如此，用清淨的心眼看人，何必斤斤較量？因此，凡事想不開的，最好的啟迪辦法，是到殯儀館去走一圈。

貧民心理

《雜寶藏經》卷三：「富貴親友貧賤離，如此之友當速遠。」窮居鬧市無人問，富在深山有遠親。它反映了世態的炎涼。對於一見別人落難就馬上離開的朋友，還是趕快與他分手。

誰在裝窮？誰是真窮？依照貧民心態發展來看，窮人不必裝窮，誰不希望早日脫離苦海？再說窮人一旦有錢，莫不希望「公佈週知」，讓別人曉得他的身價已經不同凡響。美國是舉世號稱第一富庶的強國，但尚有不少貧民有賴政府機構發放救濟金度日。台灣近年來，經濟發展得極為神速，貧民的量已經減少，可惜貧民的問題仍然困擾著整個社會。

過去社會機構調查顯示，有些「富有的貧民」，一邊領救濟金，一邊過電氣化生活，事實上，這只是極少數的人，因為多數人都希望走出貧民窟，過他真正富足的生活。天生喜歡過窮生活，裝窮兮兮樣子的人畢竟不多！窮人有時還故意裝闊佬，所以，貧民的心理是難以某種定型性格來作論斷的。

社會學者艾倫，曾經花費很長時間去研究貧民人格特徵，結果發表了一篇很權威的報告，他指出貧民特性有五大點：第一、貧民自我觀念偏低，缺乏自我價值和堅定自尊心。第二、貧民成就動機淡薄，沒有積極爭取的意願。第三、貧民物慾心理不高，容易產生滿足感。第四、貧民對未來期待反應遲鈍，能夠忍受較多病害痛苦。第五、貧民精神疾病現象較為嚴重，不懂得如何自我克制。

其實，貧民心理相當複雜，可以把艾倫觀點修正為如下數點：第一、低姿態的人生觀。第二、強烈的依賴意識。第三、宿命主義。第四、忽略自我價值。第五、缺乏時間展望。總之，貧民需要更多的精神支持和鼓勵，否則，他物質生活即使沒有匱乏，恐怕精神生活早已崩潰。

人因自覺而成長，因自滿而墮落。貧民不是不愛他自己，更不是清一色的自暴自棄，只是他們被現實環境壓抑得透不過氣。像杜甫在「百憂集行」一詩中很悽愴寫道：「入門依舊四壁空，老妻觀我顏色同。」「江村」一詩結尾中更道盡內心深層的感喟：「多病所須唯藥物，微軀此外更何求？」足見「人窮志短」，並非虛言，我們能不對貧民付出更大愛心嗎？

香蕉學者

《五燈全書》卷一百六：「貪看他人寶，忘卻自己珍。」天生我材必有用，不要只羨慕別人的成功，也要能看到自己的長處。

香蕉學者多係長期漂泊海外，深受西方文化荼毒，混身洋騷，滿口洋味，學識不錯，民族意識淺薄，在他思想檔案裏堆滿歐化的樣本，卻缺乏祖傳的珍貴史料，他皮膚是黃色的，肉身卻是白茫茫，就像黃皮白肉香蕉一樣耐人尋味。

香蕉學者數典忘祖，喜歡打洋腔，說洋話，如果他擁有外國公民身份，他說起話來，比誰都更含洋蔥味，在他腦海裏，那黃皮的黃帝子孫已不夠瞧，只有白嫩嫩的肉團才夠他回味無窮。

近年來，每個國家都在尋「根」，每一個國民都曉得根的重要性，可惜香蕉學者，他只想到香蕉肉，已記不起他是怎麼長大的。他可以告訴你，他留學的國家是多麼壯偉，其文化又是何等輝煌，他從來沒有想到，故宮博物館的奇珍異寶，國父紀念館的碧草綠花，他一心一意只知道外國有一個又圓又大的月亮，他還不知道自己國家也有一個同樣的月亮。

這種學人，外表像「尖頭鰻」，裏面像滑溜的泥鰍，他不是沒有學問，但始終襯托不出他高貴的品格，和高尚的志行，他很現實，也很世故，缺乏道義和責任感，信口開河，沒有中心思想，喜歡用有色眼睛，對不完全瞭解的事實，作武斷的評論，一種自以為是囂張氣焰，薰昏了他的神經和視覺，他因為立場不穩，容易導入一條偏差的叉路。

宋朝能善禪師說：「不可以一朝風月，昧卻萬古長空；不可以萬古長空，不明一朝風月。」知識份子，應該有「先天下之憂而憂」的胸襟，對國家、對領袖、對全體國民有一份執著的堅貞信念，他能引進許多新穎觀念來啟發民智，開創國運。

不錯，我們可以學習外國優點和長處，但絕不是端出媚外和自貶的姿態，香蕉學者往往恰恰相反，一副落魄的王孫嘴臉，他想說什麼，但又永遠交代不清，他臉很黃，心太白，因此，儘說一些言不由衷的話，可悲復可嘆！

永恆的摯情

《度世品經》卷一：「有所建立而不自大。」就是要我們即使事業有一定的成就，也不要自高自大。在名譽面前，越是謙虛謹慎，就越受他人的敬重。

一位蒼老的中年婦人，她一再公開地敘述她淒涼的遭遇，她神經還很正常，但內心顯然已經支離破碎。聽她語詞，她原是富家千金，嫁給一位貧寒出身的丈夫，俟丈夫發跡後，竟在外同一個年輕女人同居，把她視作多餘的廢物，她很不甘心，也不服氣，既對不起年邁的雙親，又對不起稚小的兒女，她的話很惹人同情，但她的故事卻是社會中常見的案例。

有很多好心的人，勸這位婦人要多多打扮，不要愁眉苦臉，不要垂頭喪氣，不要講話刺激對方，設法用子女的親情去挽回丈夫的恩愛，其實這些話都只能聊作安慰，根本對那位薄情丈夫已發生不了什麼作用。

猶太經典中記載，有一位農場主人千金，不顧父親反對，毅然下嫁家中一位傴農，婚後她幫助好學的丈夫進入一所最好的學校讀書，他苦讀了十二年回家探望妻子，這時候妻子正過著孤苦無助的生活，不過仍然鼓勵他讀完未竟的學業，於是他重返母校又專注地深研了十二年。當他再度返回巴勒斯坦時已成為望重士林的最有學問的人，民眾把他團團圍住，這時他看到一位滿臉皺紋而體軀微彎的婦人正想擠向他的面前，他突有所悟，知道這位未老先衰的女人正是他的愛妻，因此他高聲喊道：「讓她過來，讓她過來，她才是你們應該尊重的人，她犧牲、勞苦、操作，讓我有機會讀書，使我由傴農變成今天有學問的人。」這位猶太女人是偉大的，但更偉大的卻是這位絕不忘本的猶太傴農。

《法然・勅修御傳》：「凡想跨躍一丈溝渠者，應擬想跨躍一丈五尺者去奮鬥。凡期待往生者，宜懷堅定信念相勵。」

人類最大的弱點，就是在得意時會輕易忘卻往日對他有恩情的親友，落魄時又一反常態地擺出卑恭屈膝的低姿勢。趙孟明就曾一語道破：「仁者不以盛衰改其行，義者不以存亡易其心。」一個人如果能夠隨隨便便地改變他的行為或改變他的心意，他還值得我們尊敬嗎？

鼓掌的群眾

《五燈會元》卷一：「智者無為，愚人自縛。」品格高潔、參悟世事的人，不為自己爭名利，因而無從牽掛，那些私心重的人，往往受到個人名利的束縛。

群眾有盲目衝動的傾向，他們可以為崇拜者歡呼喝采，也可以隨時倒戈相向，這種情緒的變化，和意念的轉換，能夠在頃刻間有劇烈的反應。

在一連串民意代表競選期間，群眾一直扮演著戲劇化的角色，有些競選者言行不能一致，他能欺騙群眾於一時，卻不能隱瞞於永遠，群眾開始時為他拼命地鼓掌，總有一天他們會從掌聲中清醒過來。

報載一群市議員出國考察，要住大飯店、吃大餐、揮霍無度、浪費公帑，難怪激起廣大選民強烈的憤慨。

民意代表固然不是做官，但有些卻很有官架，作威作福，把政府大官員弄得神態昏迷，群眾不知道他們是替自己出氣，還是替自己漏氣，因此想鼓掌，也鼓不出聲音。

世上最瘋狂的是群眾，最寂寞的也是群眾，他們似乎在追逐一場盛會，當高潮過後，他們就被遺棄了。已故戴傳賢先生說過：「天下最不能欺騙，不能利用的是民眾，有時受了欺騙利用，而後來被他發覺了，他們一定很嚴厲的報復。」這句話很能代表群眾的心理，值得從政者惕勵。

誰是智者？智者不是善於愚弄別人的人，以盲人來說，他們多是人盲心不盲，明眼的人，當然把事理看得明白，不管你今日盤據何種位置，你都不能做一個背信的人，人生的路要越走越寬敞，不要把自己陷入死徑，群眾的掌聲有兩種，其中一種足以鼓破你的耳膜，使你死而有憾。奉勸那些熱衷權術和政治的朋友，不要欺人自欺，更不要玩火燒身。

人生如高空走索，群眾本來就是情緒極不穩定，他們可以對你黃袍加身，也可以把你衣服剝得精光，你別動邪惡的念頭，那只是掩耳盜鈴的把戲，群眾的行動固屬盲目的，但他們的眼睛可是雪亮的。如果他們集體喊打，你準成為階前的小兔，政治就是一門藝術，你應該懂得如何去打出一張漂亮的政治牌。

心理壓力

《大莊嚴論經》卷四：「命如葉上露，有生會當灰。」人的生命好比樹葉上的朝露，短暫易逝。有生就有死，一定要珍惜時光，珍惜生命。

當前社會所發生的許多社會問題，常常不按牌理出牌，動機看似單純卻很複雜，收場看似熱鬧卻夠賺人眼淚。

數十年前，「好人」李師科單槍匹馬搶劫銀行。二〇〇六年，台灣師範大學的張姓女生，涉嫌援交。高雄市議長許崑源突然從社區十七樓住處墜樓死亡。這三位轟動一時的新聞人物，替社會留下片斷不可思議的特寫鏡頭，他們的舉動和行為，證實患上一種嚴重的時代病。

在一般犯罪的案例中，犯罪者的行為多具有強烈的社會性病態心理表現，以李師科來說，平日與人無爭，是鄰居心目中大好人，大好人幹出大壞事，豈能不令人大大吃驚。女生身受高等教育因為好奇加上缺錢，竟視貞操如同廉價品，簡直匪夷所思。許崑源議長因韓國瑜遭被罷免後，就不再珍惜自己有用生命，死因成謎，也有點不合邏輯。不過，如果從同一角度去探索，發現他們都是深受心理壓力的悲劇人物。

心理壓力（Psychological Pressure）是現代社會中最值得思量和探討的課題。幾乎所有人類都面臨著一種矛盾心態的挑戰，他們渴望過著很滿足的生活，但他們卻遭受太多不滿足的打擊，他們看到別人美好的一面，反顧自己卻有滿心的創痕，他們沒有力量改變這種命運，於是，他們用不正當的手段去攫取短暫性的補償，不管是傷害別人，乃至傷害自己，他們都在根深蒂固的潛意識作祟下，做出使人刮目相看而無法置信的驚人之舉。

現實社會給人太多殘酷的刺激，一個把持不住自我的人，就極容易走上毀滅的道路。嚴格說，他們都是值得同情的人，但他們也都是難以救治的人。

今天這個社會原本存在著許多精神沒有顯著疾病，而心理負荷著很重壓力的人，這些人只要稍有差錯，就可能成群結隊地「飛進杜鵑窩」，我們為要防堵這種病態的蔓延，必須先做好防範工作。

文人風格

《添品妙法蓮華經》卷七：「無諸慳吝，亦無所畏。」人如果不貪圖錢財，就不會有什麼可懼怕的事情。做金錢的奴隸，是可悲的。

十隻黃狼九隻雄，十個文人九個窮，難怪韓愈有送窮文章，當然窮的種類很多，不過，把它歸納起來，最最重要的莫過於「物質」和「境遇」的窮困吧！其實境遇的窮困，也會影響到物質的窮困，嚴格分析，生活的潦倒的確很容易導致文人志趣和抱負的消退。

很多人都認定文人是「雕蟲小技，壯夫不為」，似乎一個人「一為文人，便無足觀」。文人在社會上究竟佔有何等地位，也缺乏絕對的準繩，日本作家的收入可算不錯，但是日本作家也有滿肚子苦水，名作家夏目漱石曾抱怨道：「許多日本紳士，表面對你多麼親切多禮，其實他內心在卑視你。」從漱石這一番話，也不難瞭解他對人性體察之深入。

文人真正能夠做到「不貪圖人的富貴，不伺候人的顏色」又有幾個？孟肯（H. L. Mencken）說得最露骨：「在文士的生涯中，創造美感的衝動是難得的。遠在創造美感衝動之前，就來了求錢的渴望，有了幾文錢之後，又亂嚷嚷想出點小名聲了。」如果文人都是這種嘴臉，也夠可憎了。從文史記載中，發現古來文人也多相互譏諷，北齊顏之推很沉痛說出「自古文人，多陷輕薄」，魏文帝也曾作大膽批評「觀古今文人，類不護細行，鮮能以名節自立」，文人最瞭解文人，他們的觀點固然有以偏概全之嫌，但也絕非無的放矢，實在很值得自惕跟自勉。

我永遠不相信「百無一用是書生」這句話，我覺得文人有他可愛的一面，不過，文人受德性影響很大，也是鐵的事實。《文心雕龍》原道篇指出：「道沿聖以垂文，聖因文以明道。」宗經篇也說：「文以行立，行以文傳。」足證文人當須固持卓瑩超凡的風範。

時下有些文人，不知珍惜名節，不惜屈辱圖全，做些令人不齒的事情，大有「文人無行，自古已然，於今尤烈」的情勢。雖一地所生，一雨所潤，而草木各有差別。人應該人窮志不窮，既當文人，就應該做一個高風亮節的文人。

死要面子

《莊子・人間世》：「為人使，易以偽；為天使，難以偽。」一人的心靈如果被世俗的利益所支配，容易偽裝自己；如果受自然的支配，則難以掩飾。

據說王家要移民到哥斯大黎加去經商，原因是近年王先生生意做得很不順遂，王太太為了面子寒酸，天天和王先生鬧著要離婚，因此，富有的娘家借他一筆鉅款，讓他到中南美去暫避風聲，親朋對他們遠途跋涉的辛勞深致祝福，不過，對於王太太好面子的作風也深感厭惡，難怪鄰人都罵王太太過於勢利。

《拊掌錄》中就有一段耐人尋味的故事：宋朝一位讀書人，家貧不事生產，但卻不願讓人發現他的寒酸，因此央求他的妻子變賣陪嫁的金飾，得錢後販運一些新的書籍，到汴梁東京去出售，以便博取一些蠅頭小利，同時也不失文人的行當，可是沒想到他在路途中遇到一個古董商，竟使他對古董發生濃厚興趣，結果乾脆把那些書換了全部古董回家充充門面，可惜他忘記家裏連飯都沒得吃了。這種只顧面子，而不考慮實際問題的人，現在社會上愈來愈多。

多年前冬天一位花蓮籍的陳姓少女，年僅十七，不知道遭遇什麼煩惱，竟躍身橋下企圖自殺，後來實在耐不住水冷天寒只得自己爬上岸來，俟警方人員趕到，她覺得不好意思，卻又撲通一聲跳下水去，趕來的警員不得不親自下水，救起這個愛面子的少女，始結束了這場莫名其妙的意外。

聖嚴法師說：「天底下沒有真正的壞人，只有做了錯事的人；沒有真正惡心的人，只是觀念出了差錯。」

人為了面子問題，可以做出很多沒有面子的事情，有時不但傷害自己，還要連累親朋好友，這又是何苦呢？難道人生就是在上演這種「死要面子」的連續劇嗎？人生若夢誰都會說，終生作夢怎麼不醒。

作人要有踏實感，不要只有成就感。古人常說：「居賤惡勞、居貧惡困，居難惡辱，皆禍之招也。」人類中能夠懂得這個道理的很多，可是真正能篤志力行的卻很有限，面子問題談了幾千年，好像問題永遠扯不清楚，這不是人類無知，而是人類太喜歡唱高調，最後調子變音，自己也不知道在唱什麼了。

揚棄官癮

《五燈全書》卷一百六：「柳樹著前桑樹紅，大千何處不春風。」山河萬里，各有春色；人有萬千，各有前程。人生貴在適志而已，何必強求。

抽菸會上癮，喝酒會上癮，做官當然也會上癮。

每個人都想做官，有人想做大官，有人只想做小官，最後沒官可做時，只好自嘲為「無官一身輕」。

王士源評論孟浩然是「文不為仕」，而「遊不為利」，所以風骨超邁，舉世咸欽。其實孟氏早年也想做官，可是當他知道仕途無望之後，就歸隱林泉，過他風雅生活。田園詩人陶淵明那種「萬族各有託，孤雲獨無依」的情懷，更流露出詩人無助和孤寂的悲哀，不過，他們兩人都懂得處世的哲理，轉而顯現出「俯仰終宇宙，不樂復何如」的積極人生觀。這就是他們與眾不同的特質。

做官固然有很大誘惑力，但做官也有很大痛苦壓力，國父孫中山先生勸大家

「做大事，別做大官」，多少也包含這些因素在內。

《蓮如・御一代記聞書》：「自思心得，實未心得，自思不曾心得，實已心得。」老實說，做官還靠一點「命」理，有些人年紀輕輕的，官位還沒坐穩，就因為身罹急病，而情勢大變。

聰明的人，不一定有智慧，愚魯的人，不一定沒有智慧；智慧不等於知識，而是對人處事的態度。人的觀念，一生有好幾個不同轉捩點，不管是「昨是今非」或「今是昨非」，人的思想轉變的確難以捉摸。有人一夜之間悟通了真理，有人剎那之間看破了紅塵，假如我們能夠分辨做官與不做官之間的得失，我們就會活得更為紮實。

有些才德秀出，超世逸群的人，不見得就能獲得一官半職，不過，他們都能像顏回一樣過著自得其樂的生活，人不怕沒官做，只怕自己過得不快樂，「官」與「棺」本來同音，有人官沒做好，翻了一個身，就掉進「棺」裏，結果和凡人一樣與草木同朽，因此，奉勸官癮大的人，趕緊醒來，用奉獻代替爭取，以惜福代替享福，做一個真正樂逍遙的人吧！

建設自己的人生境界

《大莊嚴論經》卷一：「高貴利難止，輕躁不暫停。智者應善知，無得驕放逸。」人對於財富和名利的貪求是難於有止境的，明理的人應力戒驕奢淫逸。

古人嘗言「言易行難」，對現代人來說，這句話仍很適用。凡事最重要的莫過於腳踏實地、盡力而為。君子喜歡山、君子喜歡水、君子喜歡鈔票、君子也喜歡美人。君子也是人，君子當然也有人性，君子其所以不同於小人，乃君子的人生境界遠非小人可以比擬。

宋文士羅大經所著《鶴林玉露》中記述：「許由不受堯之天下，逃諸逆旅，旅人疑其竊皮冠。伯夷、叔齊適周，周使叔旦往見之曰：『加富二等，就官一列，血牲而盟之。』二子相視而笑。」

像許由、伯夷、叔齊等聖哲的人生意境豈是一般世俗的凡人所能體會得到的，難怪當楚王問起宋玉行為何以深受到貶謫時，卻很自詡地表示：「夫聖人瑰意琦行，超然獨處，世俗之民，又安知臣之所為哉。」宋玉的話，也許有點誇張和自我飾非，不過，宋玉不平凡的意志與行為，大概有他獨到地方。

《論語》上說，孔夫子有一次跟他心愛門徒顏淵、子路閒聊，要他們「各言爾志」子路那種率性認真的俠氣，顏淵那種謙沖誠摯的胸懷，和孔夫子那種高風亮節的典範，顯然有所不同，然而，他們都有自己的觀點，雖都對，只是誰都不一樣，這就是境界不同，故表現出來的志願也不可能相同。

一個人有他自己理想，有他自己抱負，有他自己志願，有人請他「做官」，千辭萬辭地勉為其難上任，有人逼他罷官，千推萬推地勉為其難下台，上任的「樂融融、喜孜孜」，下台的「心酸酸、氣餒餒」。說得漂亮的人往往是做得不漂亮的人，沒有原則的人也常常是困擾的人。

聖嚴法師說：「感恩心體驗生活，精進心善用生命。」人生境界有很多層次，有人吃到「火腿蛋炒飯」已心滿意足，有人吃到「滿漢全席」猶心有怨言，他們都沒有錯，因為他們根本就不相同，只是每個人最好能認識自己，然後，一邊「充實自己」，一邊「推銷自己」。

一念之間

《五燈會元》卷九：「蚊子上鐵牛，無汝下嘴處。」意指人如果注意思想品德的培養，那麼，損人利己的邪念就如蚊子叮鐵牛一樣，無隙可入。

善惡多在一念之間，它可以救人，也可以毀人。成敗也多在一念之間，它可以自助，也可以助人。

牧師米高斯的父親在一九六八年逝世時，在遺囑中規定，只要他放棄宗教生活，就可獲得五十萬元鉅額遺產，然而，他為了神聖的教職，絕不考慮到金錢問題，最後把真誠的愛心帶進了這個世界。這一念之間，他戰勝了自己。

一九五二年赫辛基世運會時，聯俄女選手妮娜•波諾瑪麗娃，以一百七十五呎十一吋紀錄，榮膺鐵餅后座，四年後，她到倫敦觀光，一時興起，竟在一家帽子店偷竊帽子，頓成為「鋒頭最健」的社會新聞人物，這場「盜帽案」的女主角，因為一念之差，醜聞滿天飛。

女藝人丁小芹二〇一四、五年間，因販賣假的名牌包，一審被依加重詐欺罪判三年六個月徒刑，不得易科罰金，二審改判二年六個月，不予緩刑。案經最高法院駁回上訴定讞，丁小芹入監服刑。一念之差，後悔莫及。

人類眾多的事件，多決定在一念之間，有人因為搶過平交道，而身首異處；有人因為貪點小便宜，而身敗名裂。一位在政府機關服務的中級幹部，有一天心血來潮，夥同幾位做生意朋友到歡場作樂，不幸被警方臨檢時查覺，終被記大過二次免職處分，朋友卻在背後指指點點批評他，使他頓萌輕生念頭。

有一個少婦，在一次酒會中，重逢舊時的情侶，一時舊情復燃，因此拆散了一份美好的姻緣，最後丈夫獨自出國去了，情人回到自己太太身邊，兒女送進孤兒院，她孤零零地住進精神醫院，也許這就是自作孽的報應。

以上這些事例，都是一念之間的結局。

世上的路很多，有的是羊腸小徑，有的是通衢大道，有的人走得很勇敢，走得怡然自得，有的人走入迷陣，歧途難返，人生就是一種戰鬥，沒有任何命運能超越自我的抉擇。成者與敗者都決定在頃刻之間，你能稍有疏忽嗎？

雲飛風起

《續傳燈錄》卷二十九：「有時孤峰頂上嘯日眠雲，有時大洋海中翻波走浪。」人只要勇於接受生活的挑戰，就能創造光明的未來。

今夜，月靜雲清，西窗久坐，獨攬小鏡，一尊搔首，不禁想起李白秋浦歌：「白髮三千丈，緣愁似個長。」一時百思競起，萬慮奔馳，深感生命短暫，人生可貴，一個人在有生餘年，當有所作為，始不負上蒼好生之德。

清雍正進士佘聖言，家本貧寒，貌又不揚，師友多蔑視他，因此自慚形穢，潛心奮志，每次欲赴考時，老師均對其父表示：「考實無益，徒費心機耳。」但其父望子成龍，勉其應試，沒想到他連考三次，竟一再中榜，題名雁塔，師友多譏為偶然倖致，他忍受羞辱，最後題詩反諷曰：「偶然偶然又偶然，偶然今日帝王邊；世上既有偶然事，君等何不效偶然？」

於是別人都改變口吻讚賞他「既有囊螢映雪之功，必有騰蛟起鳳之望」，可見一個人成功之後，傻瓜也變成聰明。

「成者為王，敗者為寇」這句話，很多人有不同看法，但成功後能夠證實，你有某方面優異的條件也是鐵的事實。當你投身五光十色的社會舞台時，不必有野心，最好有雄心；不該有幻想，最好有理想；耐力和智慧是建築成功堡壘的最基本材料，成功絕非偶然，也不會沒有代價的。

天下做父母的人，都希望自己子女能夠飛黃騰達，金龍蟠門，佘聖言父親能夠把小池中的泥鰍，變成大海裏的蛟龍，這就是父愛的心血，和生命的助力。

時，應分秒必爭；路，應步步踏實，則此趟人生無愧憾。不要自以為是，也不必小看自己。當一個人沒有成功以前，大家有很多存疑，當他成功之後，這種存疑卻變成讚美，這不是現實，而是證據，證據就是不容否認的真理。

凡人從「少年不識愁滋味，愛上層樓」，到「而今識盡愁滋味，欲語還休」的心路歷程，其間轉變是相當複雜的，不過，能夠熬過「欲語還休」心境的人，他又將有一種「柳暗花明」的前程，所以，我們應淬勵自惕，當風起時，還是做一片雀雀欲試的飛雲吧！

老人形象

《法句經》卷二十三：「毒無過怒。」比喻一個狂暴的怒氣是心中的劇毒。氣大傷身，於事無補，不可不慎。

一般人都認定老人像馥郁的葡萄酒，越醇越香，如果不幸像有毒的假酒，那就令人大失所望了。

薛利夫（sherif）在一篇文章中指出，老人的特質有下列幾點：一、慈祥，二、固執，三、謙忍，四、喜歡幻想，五、行動退化，六，喋喋不休，七、害怕孤獨，八、同情弱者，九、猜疑心較重，十、孩子氣增強。

在這些特質中，特別想強調的一點是「慈祥」，慈祥可以美化自己，感化別人，可是，意外得很，有少數老人，既不慈祥，甚至暴戾成性，表現出一副瘋狂殺手的兇相。十多年前，雲林一位七十六歲的老翁，懷疑七十二歲妻子和鄰居外遇，先持刀殺死八十歲的鄰居，接著又回家，將妻子砍成重傷，犯下一死一傷的殺人案後，老先生自己投案，小鄉鎮發生這樣的情殺案，嚇壞居民。不管他的動機何在，其行為都無法原諒的。

因為感情糾紛，鬧出殺人案，鄰居說，有可能是誤會一場，沒想到一時的衝動，老翁殺了鄰居又害妻子重傷。因此，可以瞭解，憎恨也是導致社會不幸事件的主要因素之一。王爾德說：「憎恨能使人盲目。」史懷特說：「憎恨使人瘋狂。」故憎恨足使一個人變成盲目的瘋狂，老翁的兇案就是一個血淋淋的實例。

化憎恨為祥和，這正是人類努力追求的方向，可惜人想得很多，做得很少。其實「天道遠，人道邇」，偏偏有很多人捨近取遠，最後一無所獲，所謂「道在爾，而求諸遠」，這種人不是緣木求魚，就是本末顛倒。

老年人在漫長的歲月中，可以體察到豐富的人生閱歷，依正常的心路發展。他應該人情練達，情緒平穩，情操高潔，他不容易衝動，更不應該衝動，凡事靜思，處事周全，給人是一種高山仰止的形象，否則有誰會對您格外敬重呢？該老翁不能代表所有的老人，然而，他卻說明了部份老人仍然有相當蠢蠻的舉動，但願老年人都能夠領悟到「人道邇」的真理，實事求是，重塑一個完善的形象。

萬空不空

《五燈全書》卷三十四：「欲行千里，上步為初。」比喻千里之行始於足下，高樓百丈起於平地。要想有好的明天，就得從今天做起，從小事做起。

世上真正淡泊功名富貴的人，大概一個也找不到，紅樓夢開宗名義說：「世人都曉神仙好，只有功名忘不了，古今將相在何方，荒塚一堆草沒了。」人死了，可能萬事皆空，但人在奄奄一息之前，似乎還不忘在那兒爭名奪利，所謂「視富貴如浮雲」的人，大多是「酸葡萄」的心理作祟罷了。

在本性上，人都是好名好利的，不過，有人後來經過教育的薰陶，而改變了氣質，或者受到莫大的挫折，而改變了觀念，甚至因為長期的人生歷練，而使思想更臻於成熟，於是這些人就放棄了名利的追逐，開始嚮往更高的人生境界。

張之洞嘗言：「讀書所以明理，明理所以致用。」懂得明理致用的人，才算是有福的人。洪自誠說：「以我轉物者，得固不喜，失亦不憂，大地盡屬逍遙；

以物役我者，逆固生憎，順亦生愛，一毛便生纏縛。」然而真能不被物役的人，又有幾個？

年輕朋友常常會問，人活世上是否應該追求功名富貴？答案很簡單「請量力而為」，意思是說一個人有「足夠的本錢」時，當然應該積極爭取，假如「本錢不足」就不必強取豪奪。所謂本錢就是你的具備條件，因為一個條件夠的人，他為什麼要放棄他應該得到的權益呢？功名富貴並不是絕對壞的東西，世上要是全沒有這種東西，可能早顯得暮氣沉沉了。

人最大的無知是忽略自己優點，人最大失敗是沒有開始就已經結束。賓遜（AC Benson）說：「人生最大不幸，不是損失與錯誤，而是懼怕。」滿懷懼怕的人，當然一事無成。說穿了，凡人都有「萬空不空，萬無求有」的心態，其實，只要你態度積極，目光深遠，行為光明磊落，那麼追求功名富貴，亦是理所當然。人畢竟是人，並非全是聖人，何況聖人也有不甘寂寞時，故人只要在不斷努力中開拓他的人生路線，那就是人上人。

唱高調時代已經過去，凡事對機即是好，我們要跨出平實的第一步！

三人行

《鐔津文集》卷六：「聖賢無全德，君子無全能。」至高至聖的人也有不足之處。所謂金無足赤，人無完人，我們不可自視太高或妄自菲薄。

在芸芸眾生中，每人際遇不同，有的年輕人自視極高，有一股「少年白騎放驕憨」的傲態，昂揚放恣，高古罕匹。還有一種人自卑過甚，憂思鬱懷，寂寂愴悒，不勝「朝千悲而掩泣，夜萬緒而迴腸」的酸楚，這兩型人，注定均將挫敗一生。每一個人最好都能冷靜想想：

你為什麼自負？你有自負的條件嗎？

你為什麼自卑？你有自卑的理由嗎？

每一個人本來就投胎在不同的家庭背景裏，然後再承受不同環境生活的薰陶，他不可能有相同的氣質和命運。

你的優點，可能就是他的缺點：你的缺點，也許正是他的優點。由於每個人優缺點的相互彌補，所以世界上不應該有絕對自負和自卑的人。

有一個女孩，她很自卑，她什麼都不如她年齡相若的表姐，表姐比她漂亮，比她書讀得好，比她家勢顯赫，她又必須經常和表姐在一起，每次在公共場合裏，她都有一種自慚形穢的感覺。

其實，她的心病太重，她的觀念有嚴重的偏差，她的胸懷也不夠開朗，她比來比去，就跟她表姐比，難道世間上沒有比她表姐更好或更差的人嗎？

還有幾個女學生說，她們班上有一位女同學，她本身條件的確很優厚，因此也處處表現出與眾不同的優越感，大家都討厭她，只有她自己越來越喜歡自己，這種任意樹敵的女孩子，其最大的失敗也不難想像了。

三人行必有我師，五人行或七人行當然我師更多了，團體越大，我師越多。因此，我們隨時隨地都要謙讓自抑，不亢不卑，說話不要鋒芒太露，做事不要專橫武斷，你不要和最強的人比，也不要和最差的人比。你應該相信自己，但不可執著。你最好和自己比，你昨天比前天進步多少？你今天又比昨天進步多少？如果你天天有進步，你不是比誰都值得自慰嗎？

迷幻宮中哀禍多

《大乘理趣六波羅蜜多經》卷九：「供給於惡人，欲益反招損。如人飼猛獸，無不傷害者。」要人們對於壞人壞事，絕不能心慈手軟。縱惡為患，不僅無益於大眾，也會殃及自身。

吞食迷幻藥、搖頭丸，等於向世人宣稱：「我是一個恬不知恥的人！」一個人吞食迷幻藥後，往往神智不清，瘋顛若狂，已失去自律的能力，當時縱使有「飄飄欲仙」的感覺，事後卻空留「懨懨若病」的怨恨。

迷幻藥具有強烈刺激性，目前最通用的有二：一、LBD（俗稱搖頭丸、一粒沙等）。二、神奇魔菇。搖頭丸，它是安非他命的衍生物，是具迷幻作用的中樞神經興奮劑。

當迷幻藥、搖頭丸藥性在人體內發作後，一個人猶如脫韁的野馬，難抑燃燒的慾燄，容易裸露胴體，做出敗風害俗的醜事。

迷幻藥、搖頭丸的禍害罄竹難書，現在只討論一些防範的辦法：

一、決心除四害：目前一些感情不夠成熟而自甘墮落的人，除抽菸、嗜酒、吸毒外，還好賭，這是嚴重的四害，如沉迷其間，必身敗名裂，遺恨終生的。

二、禁藥的管制：許多不法藥商及走私者，為了貪圖不法利益，罔顧商業道德，甘冒法律禁例，拋售該項毒品，使人吸毒成癮，不得不求救於他們，這些廠商所以敢膽大妄為，主要是罰則太輕，不足產生嚇阻作用，為保障身心健康和幸福，政府非設法嚴禁、重罰不可。

三、親情的關懷：食用迷幻藥的人，大部份是缺乏家庭溫暖，他們在徬徨苦悶的困境中，只好用藥物來解脫自己，因此，做長輩的人，要隨時留意自己子女的行動，愛他，給他精神上的鼓舞。

四、道德的標準：一個社會的安寧是靠集體道德的維護，人類強烈競爭結果，造成道德淪喪和人心靡糜的危殆，社會無數不法之徒，在金錢誘惑下，放棄了人性的尊嚴和良知的惕勵，所以我們必須重新訂定一套道德標準，藉以鞏固社會安定感。

名人

《列子・力命》：「佹佹成者，俏成也，初非成也；佹佹敗者，俏敗者也；初非敗也；故迷生於俏。」佹：偶然。偶然的成功，好像是必然的，但並非必然；偶然的失敗，也不等於最終的失敗。人不可為意外的得失而忘乎所以。

常常聽到有三種不同的人，用三種不同的語氣，「吹」三種不同的「牛」：

甲：「最近忙死了，好多人邀我講演！」其實，他是告訴你：「瞧，我多行！」

乙：「最近累死了，好多人請我吃飯！」其實，他是告訴你：「你想，我多神！」

丙：「最近氣死了，好多人抄襲我的文章！」其實，他是告訴你：「你看，我多棒！」

道行更高的人，乾脆一口氣告訴你：「好多人邀我講演，好多人請我吃飯，好多人抄襲我文章。」不錯，這也是事實，不過，從他嘴巴講出來，雖然達到

「自我推銷」的目的，但卻給人「膚淺不堪」的感受。

名人沒有什麼不好，只是這個「名」應該由別人「封」給他，而不能由他自己來「封」，如果「封」不對勁，可能「名」還沒有套牢，騷味已經滿街可以聞到，這是得不償失的事情，千萬使不得。

登龍固然有術，成名也須有法，尤其已經成名的人，更應該知道「名」得來不易，不要急於由「小名」而變「大名」，極限之後必成拋物線的下降，大紅的人往往會失敗得很慘，一個人要「虛心能自持」，才能「蒼蒼勁節奇」！

世間有很多人，太喜歡出風頭，太喜歡自我表現，太喜歡賣瓜說瓜甜，結果他求榮取辱，自找沒趣，識相的人背後取笑他，不識相的人當眾讓他出醜，他想得到很多，結果什麼都沒有得到。

名人並非想像中那樣快樂，在他快樂氣氛中常常隱藏著太多的辛酸面。因此有人希望一生中平平凡凡度過，也有人希望一生能夠高潮迭起。如果你想成名，不要任意逞強，先冷靜地估量自己，你究竟具備多少成名的條件，倘若你覺得自己已有足夠的本錢，你最好還要伺機而動，這樣更容易水到渠成，順理成章。

誰該做「早妻」

《法句經》卷三十：「見色心迷惑，不惟觀無常。以淫樂自裹，譬如蠶作繭。」為美色所迷惑的人，好似在不斷地葬送自己；為色慾所控制的人，就好比作蠶自縛。世人皆知此道理，然而能自制的又有幾人。

一個男人，每天清晨都告訴她妻子要到二二八公園練太極拳，機伶的妻子曾經跟蹤了幾次，都發現自己丈夫在那兒認真地鍛鍊身體，她感到很慚愧竟對忠實的丈夫作多餘的猜疑，以後她就以歉疚的心情讓丈夫有更多的自由。

但她萬萬沒有想到這位攻於心機的「良人」在練完太極拳後，就到「早妻」那兒去報到了，他們夫婦在同一機構服務，竟然無法看牢他，等到「早妻」找上門來，才揭穿這個秘密。

由於這則秘聞，使我聯想起「早妻」故事：

有一位丈夫每天清晨都帶著愛犬去散步，有一天黃昏，妻子也帶著犬去散步，這個愚蠢的「傻犬」竟然把她帶到一個女人的家裏，到此才恍然大悟。原來丈夫每早散步的終點都是這個「可恨的香巢」。

「早妻」是一個相當富有詩意的名詞，有「魂斷藍橋」的悱惻，有「百劫紅顏」的頑艷，片刻的溫存卻遠勝長時的纏綿。然而旁人心酸酸，情夫情切切，對一個名不正，言不順的偷情女子來說，無疑有一種「風花日將老，佳期猶渺渺」的彷徨，她沒有往日情懷，也沒有來日風光，她像一朵飄零的落花，隨流水而共逝，這是誰害了她？

「早妻」這個名詞，美固然美，但可惜美得淒清，美得酸楚，美得斷腸，美得難以消受。誰願做「早妻」？誰該做「早妻」？那些無知至愚的少女，斷送了青春，埋葬了幸福，日夕浸沉在那無邊的苦海中，尋找那殘缺的春夢，「人憐花似舊，花不知人瘦」「人憐」又「人瘦」，這是多麼沉痛的壓力，為人「早妻」者，還是趁早「苦海斷情絲」吧！

《法句經》三三五記載：「在這世上，凡為充滿毒素的激烈愛慾所挫敗者，將如繁茂的比拉那草，憂上加憂。」

妄似朝陽一片情

《信力入印法門經》卷三：「有言降伏慳嫉心者，謂能捨一切內外物故。」嫉妒是衡量愛的敏感天平，也是毀滅情義的魔杖，會把美好的東西打得粉碎。能去掉吝嗇和嫉妒之心的人，才能達到物我兩忘的境界。

有一天在鬧街上，親眼看到一位熟識的郭小姐，用纖纖雙手緊纏住一個男人的臂膀，柔情萬千，狀至親暱。隔天我見到她，不禁衝口而問：「妳對男朋友好像用情很專？」她馬上正色表示：「他不是我男朋友，是我丈夫，他對我好，我當然對他更好。」她這句無意的話，給我很深的啟示。

男女相識、相悅、相知、相愛，均靠至真感情的維繫，偽裝和隱瞞只能詐騙於一時，在長時間的相處下，人類的缺點都會逐漸暴露出來。愛不是單純的承受，而是雙方摯切的共鳴。

法國文豪福樓拜說：「愛的本身就是去創造一個更大的團結，並保存著它們

——那就是說，心心相繫。」心心相繫是男女深愛的一種感情反應，當一個人能夠處處為對方著想時，他的生命顯然已闖進了對方生活的領域，在那個小小的愛情天地裏，他們共同創造了一個雋永的人生。

夏提佛德斯伯力對真和美作了很精妙的解釋：「世界上最自然的美，乃是誠真和道德真理，因為美就是真。」如果「美」就是「真」，「真」當然也就是「美」，所以，「美」和「真」是在相互激盪中產生至善的「真美」。

宋《素書》四：「孤莫孤於自恃。」只相信自己的人，是孤立的人。今天社會上有很多夫婦，相互敵對，彼此仇恨，主要是不能深刻體會到這種真美的感情。天生萬物，本來已足夠你的需求，但它無法滿足你貪心無厭的享受，愛情的道理也是一樣。容易滿足的人是有福的人，容易滿足愛情的人，更是懂得守護福份的人。

這位郭小姐，她是一位平凡的女孩子，但她卻擁有一份高貴的情操和靈巧的愛心，她付出的是「真的情」，她收回的是「美的愛」。因此，她讓自己浸沉在濃郁的愛情苗圃裏，承受著春風和雨露，世界上還有什麼幸福能夠超過她？

靈性的昇華

《法句經》卷三．多聞品：「多聞令志明，已明智慧增。」如果人博學多聞，則能使志向明確；目標既明確，如果情志專一，才能就會隨之增長。

現代化的女性，並不是以貌取人，也不是以才炫人，而是以知識來培養她的風度與氣質。

一個受過相當教養的女性，她的談吐就會充滿了智慧和令人喜悅的感受，她的舉止，她的動作，她的表情，都會處處表現出一股與眾不同的高貴感。

知識是力量，是權威，更是美化人生的重要因素。知識的來源很多，並不一定專指正規學校的教育，我們可以說遍地皆知識，俯仰可拾，如果妳有心去尋覓，任何一個時間、地點，妳都將接近知識的庫藏。古人說「腹有詩書氣自華」，凡是具有某種知識水準的人，她的思想和觀念也都會在某種水準以上。

一個女性應從何處獲得知識？可從三方面來探求：

一、多看促進現代化生活的刊物：這些刊物可以提供妳許多現代人生活的條件和應該努力的方向，妳最好有剪藏資料的習慣，把這些可讀性的資料好好貼藏起來，不時拿出來閱讀，它將對妳有極大的益處。

二、多讀修身養性的書籍：這些書籍，能夠潤飾妳的德性，美化妳的心靈，充實妳的生命，使妳對待人接物方面，能夠發揮優異的才情，縱或面臨許多難題，妳也有勇氣，突破這些難關。

三、多吸收一般性和科技性的常識：一個常識豐富的女性，她就會洋溢著內涵的美感，能夠和不同的人談不同的話，當她處理每一樁事情時都能恰到好處。即使妳沒有受過很高深的學校教育，然而，因為妳的常識超過別人，那妳的表現也足夠使人刮目相看的。

三從四德的時代已經過去，現代的女性要用氣質和風度來取勝別人，培養氣質和風度的條件固然很多，然而，具備良好的知識程度，卻是不可或缺的主要動力。一個女性，不管是家庭主婦，或者是職業婦女，都必須隨時充實自己的知識，使自己成為一個到處受人歡迎的成功女人。

女性的靜與美

《五燈全書》卷一百七：「山前流水弄瑤琴，聽罷漁翁笑不禁。今古未知霜月裡，腳跟走斷是何人。」描寫出碧水青山景色新，人工怎能比自然美。

哲學家卡尼達司（Carneades）稱美為「幽寂的王國」，我認為美是「寧靜的形象」，它包容著良善、真摯與昇華的情操。

美的定義多達幾千萬種，康德主張「美、實為超越理由慾望，無意識的與人以悅樂者也」，後繼者又將美分為形式與實質兩種美，而現代人多將這兩種美熔於一爐，而成為至真至善的無限追求。

鑑賞美，靜態比動態更容易捕捉到它的靈性，女性對男性最能發揮不可抗拒的權威力量，就是具有靈性的美。女性的美最好是文靜中顯露著不誇張和非做作的吸引力，按培根審美觀點是——「談到美、天生面貌的美，比粉飾的美好；優美的姿態與表情，比面貌的美更好」。一位女性的姿態跟表情的確最能給人深刻的印象，而她個人的好或壞、善或惡、美或醜，也都會得到相當公平的評估，男性在這方面不善於偽裝或者藏拙，他會說真實的話，表示一些幾近真理的論斷，故女性的蕙質蘭心加上慧黠才華，就是她成功的絕好護身符。

柳宗元「江雪」這首詩：「千山鳥飛絕，萬徑人蹤滅，孤舟簑笠翁，獨釣寒江雪。」一共只有短短二十字，但卻把那靜態畫面寫得蘊藉靈妙，通玄化神。因此，靜態畫面往往最能引人入勝，當一位美女突然靜靜地出現人前時，其神采和風儀更能發揮顛倒眾生的征服力。

哲學家谷川徹三有句獨到的名言：「理想要高，態勢要低。」女人一生可以一無長處，可是千萬不能缺乏「永恆的實質之美」。美的女人，不一定都是美人胎子，重要的是她必須有美的氣度和美的神韻，在她體內及體外均能散發出那股曲盡其妙的心性。

美不須誇張，也不必渲染，它是一種怡情適性、風雅清高的德行，女人要在靜態中去神悟美的修養——氣質，然後在靜態中去表現美的品操，這種女人不僅會成功，而且會備受推崇，一生檢約自持，福壽全歸。

稚女何辜？

《五燈會元》卷十二：「一念心清淨，佛居魔王殿。一念惡心生，魔王居佛殿。」意即品德高尚的人，具有戰勝邪惡的力量；卑鄙邪惡的人，內心充溢著罪惡，會給社會帶來極大的禍患。

新聞報導：警察抓到一名年僅八歲的女竊盜，該女童母親已於五年前難產去世，老祖父認為女孩子唸書沒用而令她休學，當清潔工的父親又無暇照顧她，平日她在家無所事事。被捕時，一臉無辜的表情，似乎還不知道自己已犯了罪，這無疑是世間一幅淒惋迷濛的畫面。

由於這些無知的親人，替她安排了一個悲劇式的命運，孩子年幼時還沒有辨別是非的能力，一朝懂事，在她內心深處必將淤積著許多無法平衡的感情，這不是她的錯，那該是誰的錯？

陶潛曾詠嘆：「人生無根蒂，飄如陌上塵。」所以，人活在社會裏，必須有一個可以生根的地方，否則將被人海的慾潮湮沒掉生命。在文學家筆下，許多稚童流浪記，他們悲慘的命運替人性作了最透徹的詮釋。我們知道任何人，在受過太多的挫折打擊後，很容易激發他反社會的思想和反社會的行動，當他有力量向社會攻擊或反抗時，破壞的不僅是單一的個體，而是許多個體聚合而成的整體，他製造的不僅是家庭問題，而是由家庭問題中衍生出來的許多社會問題。

這位年僅八歲的幼童，她可能什麼都不懂，又好像什麼都懂，她去竊盜，因為她要滿足自己的私慾，她並不曉得這樣做會有多大意義，或者有多大的罪惡，然而，她確是這樣做了，如果不善加疏導與誘導，可能就這樣墮落下去，這就是社會的陰暗面，也是人性的悲哀面。

《遜志齋集・右第三十六章》：「愛其子而不教，猶為不愛也；教而不以善，猶為不教也。」人品的塑造應從小做起，幼兒初出，可塑造性很大。靳氏家訓指出「教子弟，以變化氣質為先」，變化氣質有賴各種教養的灌輸，家庭教養是所有教養中的主流，人生固然有很多可以走的道路，但這些道路卻有許多不同的阻力，身為長輩的人，應該為他應走的正道，點燃一盞明亮的指示燈。

秋風早·春日長

唐代女詩人薛濤，在她「鴛鴦草」一詩中，曾留下二行千古爭辯的名句「但娛春日長，不管秋風早」，後人把它解釋為「我們但知在日長的春天裏歡娛，不去管秋風的來遲來早」，這充分意味著人生應該及時行樂，管不著去擔憂秋風會給我們帶來了多少蕭瑟和頹喪。

唐代女詩人薛濤，天才露發，由於她有一些似是而非的詩句，所以被別人目為朝秦暮楚的蕩娃。她一生雖然有許多不同的際遇，和許多片斷的情史，但她內心裏卻空虛得發慌，她常常在寂寞時發出清微淡澹的吟嘆：「花開不同賞，花落不同悲；若問相思處，花開花落時。」她生前跟很多男性唱合，終身未嫁，晚年在凄寂中去世。那些在歡場取樂的女人，她的生命終結是何等虛無飄渺的悱惻。

人生本來很短，女人的青春更短，如果一個女人在青春期中不能作一些有意義的安排，那她的晚年將會承受自食惡果的懲處。

有很多女孩子在年輕時，沉迷在聲色場中瘋狂享樂，最後竟遭男人遺棄以致憂鬱以終。古代有很多才女都是最好的證人，像李治、魚玄機、薛濤，她們都感情熱熾、情緒澎湃，然而，她們的結局都是酸楚得令人一掬同情之淚。所以，女性必須善於掌握自己的命運，絕不能讓男人對妳稍存輕視的心理，妳要站得起來，不要做秋風裏的女人，要做一個面向春日而受人敬重的女人。

女人的類型很多，但成功女人的特質都是一樣，她能夠把持自己，在任何惡劣的環境下，她的思想和信念都永遠同樣的堅貞。

每一個失敗的女人，都具有一種先天性軟弱的性格，她容易出賣自己的靈魂和意志，當她感覺一切都面臨著一連串難以抗禦的壓力時，她就會向命運屈服，她對「生」的意志轉為孱弱，對「性」的觀念轉為淡薄，最後如同一支被捐棄的秋扇，隨秋風到處飄蕩，歸宿無期、了無蹤痕。

女人，妳的名字不應該是「弱者」，妳要揚棄這種傳統腐蝕意志的名詞，妳不能自我麻醉，也不該縱情取樂，妳要經得起秋風的考驗，妳要熬得住春日的蒞臨，妳要懂得向命運和環境挑戰，這樣才配做一個本世紀成功的新女性。

崇拜英雄

《五燈會元》卷十二：「海枯終見底，人死不知心。」人心如大海一般深不可測，人的思想也是十分複雜的，許多人死後還留給人間許多疑團。

女性歐斯底里的心態，常常造成她自己不平衡的觀念與感應。有一位民意代表當選連任後，有一位大人物夫人公開表示「這個男人是最性感男人」，這位夫人名氣很大，調脂抹粉、濃艷炫目，因此，她說這句話時，也看不出她有沒有臉紅心跳。

自古美人愛英雄，女人多為崇拜偶像的雌性動物，對於名男人多是禮敬三分，猶如一些名男人喜在石榴裙邊打轉一樣，有朝轉錯方向，摔了一跤，跌得皮破臉紫絕不後悔，過後依然樂此不疲，性之使然，寡人有疾，寡人好此成癖也。

男人不愛江山愛美人，好像是天經地義，一旦女人也時髦跟進，就非遭物議不可，女人對英雄觀念，模糊不清，只要常聽到對方姓名，知道對方名氣很大，就覺得對方已經一半屬於她自己所佔有，這完全深受愛慕虛榮和鋒頭主義的作祟所致。

「十個人十樣性」，每個人的思想性格都不會一樣的。現代女性心目中英雄已與古人欣賞角度略有不同，她們並不注重外表美醜，只要他具備英雄器宇與識見，她就可以崇拜若狂。嚴格說，這是很好的現象，「以貌取人」的落伍觀念已遭揚棄，當前女性對「美」的鑑賞能力很具深度與廣度，不隨世俗而浮沉，很有她獨到的看法與想法。不過，可惜有些女人喜歡做作，故弄玄虛，心理想著一套，口中又使出另外一套，究竟她打什麼如意算盤，幾乎像大海撈針一樣難找線索，結果她吹得價天響，反應卻出奇地冷落。

天地間有二種氣：理智屬於正氣，情感屬於偏氣。我們應該多吸收正氣，以理智處世；少吸收偏氣，不可沉溺於感情。

紅花綠葉相襯益美，英雄美人相得益彰，但英雄必須實至名歸，美人必須蘭質蕙心，否則，英雄原是凡夫俗子，美人又是盲目崇拜，結果只是平添世間一些附庸風雅醜事，那實在有玷英雄美人盛名，值得我們警惕才是。

女性的禁忌

有的女人貌醜，心美，很得人緣。有的女人一切條件都不錯，卻成為眾矢之的，到處遭人嫌惡和鄙視，這個道理很簡單，因為她疏忽了下列一些禁忌：

一、舌長話多：少數女人喜歡搬弄是非，渲染傳言，揭人陰私，甚至喜歡介入男人話題，令人討厭無比。

二、舉止輕佻：對舉止隨便，不尚禮節的女性，多感頭痛，當然不願接近她。

三、矯揉做作：裝模作樣的女性，注定她的不幸，誰都不會對她產生興趣。

四、本位主義：倘若妳處處以自我為中心，一點不懂去體恤別人，或者沒有時間觀念，約人家六點見面，自己七點才到，好像別人等妳，就是活該，這是多大錯誤想法。

五、自作多情：不少女性善於自我陶醉，認為所有男人都該喜歡她，經常當眾對某些男人拉拉扯扯，糾纏不清，頗使對方難以下場，至於那些無理取鬧的女性，更是自找沒趣的人。

六、疑心太重：許多女性疑神疑鬼，不說自己神經過敏，偏賴別人蓄意加害，凡事畏首畏尾，行動緊張，不夠穩重，更奢談鎮定了。

七、個性倔強：誇示家世和學歷，英雄色彩濃厚，喜與男人一爭長短，過度個性化，很難與別人取得溝通與協調。

八、佔人便宜：喜歡向別人借用東西；借後都佔為己有，視錢如命，經常揩油，天生「掃帚星」。

九、頤指氣使：最笨女人，就是在廣庭大眾下，驅使對方做這個，又做那個，每個人都有自尊心，誰吃妳那一套？

十、自命不凡：才華出眾的女性，多自視過高，目空一切，很難受人歡迎。尤其本身並不出色，但自以為是的女性，更為人所詬病。

總而言之，女性要有風度，因為「風度雖然不是鑽石，但卻是女人的最佳裝飾品」。女性要有內在美，因為「內在美通常比外表美更能顯出高貴」。一個女人倘有風度再加內在美，她已經是人上之人了。

魚水鳥風

《佛所行贊》說：「一切如天物，應對自然生。」就是自然萬物，都遵循著自身的規律而生長變化，要我們努力去認識並掌握它，不可違逆自然。

臺北有一位王姓老先生，年近古稀，在街道巧遇三位吊凱子的女郎，相偕到麵攤喝酒，被灌醉後帶到旅館休息，當酒醒後，發現隨身所帶的值錢東西都已不翼而飛，因此不甘損失，報警追究，結果下文不明。

我們知道，有國土地方，就有女人；有女人地方，就有香艷新聞，有香艷新聞，就有驚心動魄的鏡頭。由於男人競相逐追，醋海揚波，女人就這樣被冠上「禍水」的頭銜。

《燕子樓》有句：「相思一夜情多少？地角天涯未是長。」羅馬凱撒大帝因為妖后克莉奧巴杜拉，終至斷送了旺盛的生命。中國周幽王，也是為了艷姬褒姒，最後失掉錦繡的江山。古往今來，多少英雄豪傑，都因為不能把持當前的美色，而毀了一生的霸業和功名。

女人不見得是禍水，但突來的美人恩，有時確是難以消受。我們可以瞭解，一個女人無緣無故地向你投懷獻媚，必定有她的動機和目的，這時候你不能不有所戒備，「害人之心不可有，防人之心不可無」，對這種飛來艷福，必須慎重處理，以免沒吃到鮮肉，已惹得一身騷。柳下惠，對坐懷美人能夠無動於衷，能說他不是一個潔身穩重的君子嗎？

《菜根譚》有段佳句：「魚得水逝，而相忘乎水！鳥乘風飛，而不知有風。」其實男女也像「魚、鳥」一樣，需要「水、風」相襯，倘若不能相待以心，相處以誠，勢將雙蒙其害的，所以，「女人沒有男人做伴，就變得憔悴；男人沒有女人做伴，就變得愚蠢。」

上帝製造亞當與夏娃，就是用來美化這個世界，人類的責任不單單是延續後裔，應該是和平共存，女人不能用美色去誘引男人犯罪，男人應該用心去盛裝女人的真情，愛不是詐欺和隱瞞，而是光與熱的結合。開花結果是自然現象，開花而不結果也是正常，這就是因緣。

心花朵朵開

《大乘理趣六波羅蜜多經》卷一：「心火滅已身得清涼。」人只要心平氣和，就如傍臨一泓清水，自然會覺得身心清爽，無憂無慮。

柯小姐從來不笑，縱使想笑，也僅僅嘴角牽動，淒茫而冷漠地淡笑，笑，對她來說是一件相當困難的事情。她的外型給人有一種非常沉重的感覺，事實上，她心地善良，多愁善感，悲天憫人，是一個典型的憂鬱型女孩子。

如果去追究她的身世，會發現那簡直出乎意外的不可思議。

難道她的家庭環境很差嗎？不，恰恰相反。難道她曾經受過很大的刺激嗎？不，從未發生過。那她為什麼這樣憂鬱？難道她對人生充滿悲觀和厭倦嗎？不，她從來沒有過這種感覺？那她為什麼？

我們知道，笑不一定代表著喜悅，也不一定代表著興奮，然而，自然的笑多少會給人一種舒暢和安詳的感受，一個經常不笑的人，實在使人難以忍受。

柯小姐之所以表情凝重，發現她是一個把任何事情都看得很嚴重的女孩子，她可以為明天的穿衣服煩惱，她也可以為二個月後的考試操心，甚至她還可以為一年後出國的事急得如鍋上螞蟻。

表面上她很冷靜，可惜她對每一樁圍繞週身的事物都表現過度的關懷和牽掛，她什麼事情都想不開，把大大小小的事情統統扛在肩膀上，她的心被甸重的感情積壓著，她的腦被複雜的思想縛束著，她凡事都往最壞的地方去想，而且做最壞的計算，過多的焦慮把自己困在一個無邊的苦海中。把她的感情和思想緊緊地釘死在那兒，像她這樣女孩子，從不會傷害別人，只是苦了自己。

一個人活在世界上，有一種與生俱來的權利和義務，那就是讓自己快樂，也要幫助別人快樂，不要老是終日愁眉苦臉相對！人生已經夠苦，妳為什麼要頻添許多不必要的苦惱呢？妳要笑，開心地笑，笑得自然，笑得心花朵朵開。凡人如能抱定李白的「我覺秋興逸，誰云秋興悲，山將落日去，水與晴空宜」幽懷，那麼一切愁緒都會漸被淡忘；而取代的將是一份歡樂滿人間的景況。

聖嚴法師說：「一個笑容，一句好話，都是廣結善緣的大布施。」

不要永不結婚

《佛所行贊》卷一：「深愛而棄捨，此則違宿心。」自己深深熱愛的事情，不得已而捨棄，那是一種無奈又違心的做法。人生有很多的無奈和遺憾伴隨著。

洛希林（H. rauschning）在他所著《希特勒言論集》中，有過一句很生動的描述：「希特勒就善於利用職業婦女渴望進取，對愛情失去興趣的空虛心理。」我們也相信，當一個職業女性在愛情或婚姻上遭受到極度的真空時，可能會轉向事業上謀求補償，這種補償有正負兩個極端，好壞各佔百分之五十，但女性採取這種補償方式，是屬於一種冒險性的投注，成功，甚至失敗，都很難獲得心靈上真正的寬慰。

女性是天生做母親的材料，不能結婚，不想結婚，不願結婚，永不結婚，都是言不由衷的話，結婚對女性是益處多於壞處；單身主義也不能強求苟取，一個女性千萬不能標榜「不結婚形象」，免得中年時孤單寂寞，老年時無伴的悲哀。

像希特勒這種野心政治家，他就是要利用女性對「愛情失去興趣的空虛心理」來進行說服女性從事任憑他宰割的運動。

目前不少適婚女性，常對人表示，她一輩子不打算結婚，結婚對她似乎可無可有。過去一般女性都怕結不了婚，遭人取笑，現在大家「集體不結婚」倒成為一種新的風氣，好像「結婚是很勉強事情，不結婚才是正常現象」，說真的，勉強結婚固非所宜，永不結婚又豈算上策？

難怪許多鬧街常發現一些三、四十多歲老女孩，帶著一個「小弟弟型」男朋友滿街依偎，或者有許多適婚年齡女性，乾脆把心力全部貫注在工作崗位上，這種現象都是心理不平衡的危機。因此，社會上充滿許多未婚媽媽，或未婚而性經驗豐富的女性，她們無疑是向社會報復，但最後多將槍口朝向自己的胸膛。

不少適婚女性自怨自艾表示，沒有對象如何結婚，其實這種想法是錯誤的，社會上仍有許多未婚而適婚的男性，只是他們被「女多於男」的偏差觀念所寵壞，他們缺乏對婚姻的責任感，他們可以結婚，但他們卻不想急於結婚，如何糾正或防止這種錯誤的發展，實有待社會集體力量來解決這個實際問題。

在開放中求保守

《續傳燈錄》：「如今避時避不得。」人們對待世間事物的態度，無不隨時空的變化和人的思想觀念及感情的變化而改變。

人不爭，一身輕鬆，事不比，一路暢通；心不求，一生平靜。常樂，一生幸福快樂。

部份女人一生坎坷，在風塵中打滾長大，不過，一朝贏得英雄知己，也就「桃花顏色亦千秋」了。在古老的年代裏，偶爾有一、二個出眾的女性，表現著與眾不同的風味，有時也會別有作為的。不過，在當前開放的社會裏，難求的卻是女性含蓄的美感。

放眼天下，舉目斯世，妳將發現：

有多少女性想用奇裝異服來取悅異性，結果得到什麼？

有多少女性想用乖言謬行來征服男人，結果又得到什麼？

還有許多女性把自己標榜為英雄，最後都成了狗熊。這個社會競爭太劇烈了，大家都很開放，再多一個更開放的妳也顯不出什麼特殊的吸引力。相反地，妳如果在開放社會中表現適度的保守，有時反能獲得很高的評價。譬如妳在一個美女如雲，個個坦胸露背的社交場合裏，妳倘若穿著一件色彩鮮明的旗袍，相信妳會像鶴立雞群一樣受人注目。

開放的社會，並不意味所有的行為和思想都必須是新潮和新穎的，有時嚴肅端莊的生活更受人尊敬。妳不要忘記讓自己做一個淑女或貴夫人，妳不要用姿色誘人，更不要用誇張的動作來製造妳的知名度，妳一舉手，一投足，都要恰到好處，妳要在雍容華貴中表現出絕代風華的儀姿。

《抱朴子．清鑒》說：「咆哮者不必勇，淳淡者不必怯。」即是大聲叫鬧的人，未必就是勇敢的；語調溫和的人，不見得就是怯懦的。

心有定力，智慧自然產生，在開放的社會中，人的知識和思想都比較豐富，對於別人的要求也比較苛刻，妳不要像孔雀一直展露著彩羽，也不要像烏鴉始終縮著脖子，妳最好能夠很得體地顯現妳的才情和姿色。

忍把青春育幼兒

《莊子・人間世》：「自事其心者，哀樂不易施乎前，知其不可奈何而安之若命，德之至也。」能夠注意自己的心理調適，喜與愁都不會為之所動，面對生活的貧困也能處之泰然，這是難能可貴的。

鄭善果，是隋煬帝時代的大理卿，四歲時父親鄭誠即死於國事，母崔氏守寡終生，把他撫養成人，無惡不作的隋煬帝也深為感動，特派員頒匾，崔氏母儀天下，萬古垂青。

女人中年喪夫，最為痛苦，如果子女幼小，更為淒慘。張女士，在金融單位擔任主管，貌美才捷，三十出頭，丈夫就不幸去世，她為了專心撫育四個無父的孤兒，拒絕了一切的求婚，現在四個子女都從國內外最好的學校畢業，而且二女已獲得最高的學位。「十年心血十年燈」、「無盡寒暑無盡愛」，像這樣的女性，應該頒給一座現代的「貞節牌坊」。

郭女士，丈夫死去那一年，她才二十三歲，家境貧寒，為了三個子女，她拋頭露面地為人幫傭，她從來沒有在別人面前滴過一滴眼淚，她書讀得很少，但很識大體，她知道自己在親戚中最為低卑，因此一心一意把子女教養成人，當她嚥下最後一口氣時，三個頗知上進的子女均已成家立業，雖然沒有太大成就，但已經相當難能可貴，親友們每提及郭女士，莫不肅然起敬。

女人喪夫，我並不主張守寡，不過，無論如何妳必須很堅強，不要哭哭啼啼，哭根本解決不了問題，不如針對問題癥結提出有效的各種因應措施，最重要的要對子女教育問題作妥善的安排，用自己的辛勞和血汗去換取子女的成就，這種代價最足以表現一個做母親人榮耀的慈輝。

莊子妻死，鼓盆而歌，這是超人的行徑，一個平凡的女性，丈夫突然病故，當然不可能也敲鑼吟詩。悲傷是自然的現象，痛哭也是真情的流露，不過，悲傷和痛哭過後，就應該堅強活下去。

「人間春日正歡樂，日暮東歸何處去？」的確，情可深，愛可濃，但心不可涼，且將濃情化淡酒，乾下這杯淡酒，從頭整裝出發，踏向人生另一個驛站。

母儀天下

《譚津文集卷三・孝論》：「視人之親猶己親也。」能對待別人的親人像對待自己的親人一樣，那麼，世界將變得更加美好。

凡有人類地方，就有人情味；凡有動物地方，就有母愛；凡有母愛和人情味的故事，就會留下歷久彌新，萬古長青的詩篇。

頌揚母愛，不是自己子女對親生母親獨享的權益，而是普天下做子女的人所共有的心願。

每年母親節，就想到女性的偉大，我們歌頌母親，但不能忽視所扮演的角色。當然，絕大部份母親都能善盡她的職責，可惜不免有少數的母親就放棄了這份與生俱來的良能，因此，導引出社會許多不幸的事件。放眼天下，無數犯罪案例，往往因母親無法把持一種正確的教養原則，故造成一場悲劇的傷害。

劉向《列女傳》中，許多賢淑的母親，因為教養有方，德性昭彰，故能列名史冊，母儀天下。反觀今天社會，就有一些母親，專做傷天害理，人神共憤的醜事，致使女性受到嚴厲的批評，母性受到嚴重的考驗。

民國八十七年間，萬華的崇愛婦產科負責人傅瑞嬌販嬰案件，犯案長達八年半，至少超過四十名嬰兒遭到販賣，當時震驚台灣社會。她忍心地販賣別人的子女，這種貪圖暴利的母親，在她的愛裏包含著多少可怕的毒素。有朝她的子女長大後，一定也會貶藏了愛的真諦，使所有母親蒙羞，使所有母愛受人懷疑，所謂「幼吾幼以及人之幼」的思想和精神，顯然蕩然無存，幸好這僅是少數傷風敗德母親獨有的行為，並不能抹殺掉所有母親偉大的事蹟。

聖嚴法師：「佔有、奉獻都是愛，但有自利和利人的差別；佔有是自我貪取的私愛，奉獻是無私喜捨的大愛。」

母親是子女心目中的偶像，她的一舉一動，一言一行，都彌足珍貴，且影響甚深，奉勸做母親的人，千萬別怠忽您的職責，要用您的善心與愛心，去愛護您的子女，還要去善待別人的子女。愛是淨化人性，母愛是愛的重要系列，因此，母愛具有極其神聖的使命感。

護士角色

《老子》說：「人之道，為而弗爭。」即做人的道理，就是做了好事而不跟人爭功。

偉大的事業，決定於偉大的工作精神。護士在醫院中扮演著像慈母，像賢妻，又像教徒的多重複雜特殊身份，事實上，她卻必須保持絕對純真單一的自我感情。無疑地，護士可以慢性地影響一個病人身心的健康，也可以成為一個不下毒藥而毒死病人的兇手，當然更可以成為把病人從死亡邊緣拉回來的救命恩人。她只要能發揮神聖工作的理解力和感化力，她就有資格創造奇蹟的人生。

有「提燈女神」之稱的南丁格爾，在她日記裏記載：「我畢生的唯一志願，乃是看護事業。萬一這志願不能成功，不得已而求其次，當專心辦教育事業。」結果她在長長九十年生命的歷程中，替舉世護理工作樹立了一座光華四射的紀念碑，它包容著犧牲、奉獻與愛心。

每一個護士都希望別人把她當作南丁格爾的化身，可惜有些護士卻糟蹋了南丁格爾的金字招牌。常常聽病人抱怨：「這個護士脾氣太壞，那個護士服務太差。」儘管病人心情多是不按理出牌，不過少數護士端著晚娘臉孔，也是人盡皆知的事實。當然所有行業的情況都大同小異，對於這些少數不稱職的護士，只好套用耶穌的禱詞：「父啊，赦免他們，因為他們所作的，他們不明白。」

護士終年接觸形形色色難以言喻的病人，不免滋生情緒上的苦悶和暗潮，因此，不應該對她們有太多的苛求，可是護士必須體認到「與人善處之才能，在任何職業為有價值的資產，而在成功之護士，尤為絕對必要」。

美國耶魯大學教授紐考爾博士（DR. nuckoll）認為護士一直受到社會化的影響，其「被社會接受」比「社會成就」更有價值。他強調護士必須從「自我期待」與「角色認知」中去接受擴展角色（Expanded roles）的扮演，使醫護工作能在自尊互重的特長下彼此學習相處。所以，我們不難看出，由於時代不斷的更新，護士地位日益重要，護理功能更形重大，護士需要學習的事情太多，必須讓自己在角色扮演中有更突出的表現。

孩子的媽

《五燈會元》卷十：「大施門開，何曾壅塞？生凡育聖，不漏纖塵。」

生活的大門對每一個人都是打開著的，同時每個人的生活條件、家庭環境、社會影響都有所區別，並不需要攀比。

女人年齡一大，就把所有希望統統寄托在孩子身上，偏偏現代孩子一個比一個聰明，在各種公共場合裏，可以發現無數的天才兒童，他們彼此各顯機伶和智能，讓孩子的媽沾一點光榮的喜悅。

在傳播工具上，太多的孩子在技藝競賽節目中，表現出驚人的才華，他們的確身手不凡，聰明過人，再經過做母親刻意的宣傳，結果這些孩子都成為龍種中的龍頭，孩子是傑出的，母親更是出類拔萃的，這種母親不愧是真正的家庭老師，在她們鞭策下，孩子出人頭地，母親也水漲船高，因此，現在天才兒女和天才的媽都大走鴻運。

幾乎是一部不成文的法典，部份天才有賴吹噓與捧場，在電視上，不少「成熟的小大人」，在母親千辛萬苦的安排下，終於登台亮相，他們唱作俱佳，也替父母贏取了很多獎金和榮譽，最高興的多是他幕後策畫的媽，孩子也許並沒有成名，而真正成名的是他的媽？將來孩子還可能受「盛名之累」，也可能受「虛名之害」，對孩子實在益處不大。三國時期東吳的虞翻所謂「知得知失，可與為人；知存知亡，足別吉凶」，確是至理名言。

前陣子，很多人關切孩子的天才成分，一些敏感的媽，懷疑自己孩子是否已成為被糟蹋掉的天才，其實「揚雄之才，非出孔氏；芝草無根，醴泉無源」。誰都可能是天才，你不要對自己子女估計太高，否則他痛苦，您更失望。

母親愛護子女，關懷子女原出於天性，但千萬別給他太大的心理壓力，甚至成為別人心目中裝模作樣的小大人，這個時代的孩子，一般的智慧與常識都已普遍提高，別忙著把您子女保送上壘，請保留他那份樸拙的純真，讓他真正擁有一顆赤子之心。

世間沒有一成不變的事物，所以不要用呆板、一成不變的眼光看問題。

媽媽樂

《溈山警策》：「無常若也黃昏至，更不留君到一更，時不可待。」人生的終結好比日落黃昏，不會更易。要珍惜這短暫的人生，不要讓時光虛擲。

每天清晨國父紀念館，總發現一群中年婦人圍聚在一塊跳舞，步調輕快，笑聲盈耳，充分呈現一幅生氣蓬勃的景象，令人嚮往，更令人羨慕。

在當前社會裏，婦女的生活出路很多，但真正能夠享受生命的人並不太多。像這一些婦人，顯然多是已婚的媽媽，她們能夠忙裏偷閒，利用早晨這段美好的時辰，去追求心靈片刻的豐收，不失為智慧型的時代女性。

上天交給每個人都是一條生命，有人把它糟蹋得一無所有，有人把它填補得罕有充實。在正常現象下，幸福都可以在我們自己門口發現，快樂也隨時在我們自己身邊打轉，我們只要稍微留心，機警地把握機會，機會才會和幸福打成一片。

在國父紀念館跳舞的這群中年媽媽，並不知道她們動機何在，不過，從她們臉上，身上，手上、動作上，可以看到一股發自內心喜悅後所掩遮不住的奔放感情，那是恬適的美感，洋溢著靈性中陶冶出來的特殊氣質。

快樂來自理性和感情的調和，幸福靠近信念的邊緣，所以動中靜是真靜，苦中樂見真樂。一個人處逆境與順境都不足憂喜，一個人遭富貴或貧賤亦不足驕卑。女人一生中，極可能際遇不常，只有那些會自尋情趣的人，才會在俗庸的日子中提煉出生動的寫意。中年婦女，不論已婚或未婚，心理與情緒都趨於複雜化，稍有不慎，就容易導致不平衡的性格發展，這群能夠利用晨間在國父紀念館跳舞的婦人，至少在她們內心感受上是踏踏實實的昇華。

《韓非子六反篇》中說：「明主聽其言，責其用；觀其行，求其功。」媽媽是子女心目中偶像，媽媽的快樂很容易感染子女的快樂，從媽媽眼中發射出來的慈愛光輝就足以平撫子女滿懷創傷的辛楚，因此，媽媽必須是一個快樂的媽媽，孩子才會是一個快樂的孩子，願天下做母親的人，能夠從自己本身快樂做起，然後，使丈夫快樂，使子女快樂，使整個家庭樂陶陶！

聽他細訴

《佛所行贊》說：「滅除輕躁意，和言善聽訟。」即是努力克服輕浮和急躁情緒，心平氣和地聽取不同意見。

近代心理學家發現了一個做人的重要原則，就是「注意聽，比努力說」更具成功力量。一個愛說話的人，往往是最不懂說話技巧的人，相反地，一個光聽而不說的人，有時會意外地和對方溝通得很愉快。

有一位女性，由別人介紹才認識我，從上午十時開始，在一家小小的咖啡室裏，雖然三人在座，但只聽到此女性的聲音，她長得很嬌小，並不美，似乎很有靈氣，她一直在抱怨丈夫、父母，甚至她的兩位好朋友。我不斷點頭，從不作任何允諾與反駁，她越說聲音越大，而且氣勢也越來越兇猛。

她的介紹人很不安地提醒她：「妳應該給謝先生一點表示意見的機會！」她馬上很尷尬地中斷了談話，我懇切制止她：「妳繼續說下去，我很感興趣。」果然她又喋喋不休暢述她內心感受跟冤屈。我明白，她正受著嚴重的情緒困擾，她需要別人幫忙，而最好的幫忙方法，就是聽她說，聽她訴苦，聽她發洩積壓很久的愁悶。整個上午就這樣過去，我似乎是個忠實的聽眾，不過，我卻是最佳，也最成功的聽眾。這天分手後，她告訴介紹人，她一生中還沒有遇到一個知音朋友，如果有那就是我，也許讀者會很奇怪，像我這樣閒著嘴巴不開口，對那位女性提供了什麼妙策，其實我什麼都沒做，我惟一做到的就是「聆聽」。

白居易《病中五絕句》說：「身作醫王心是藥，不勞和扁到門前。」就是心病用「心藥」來治，不用去請和與、扁鵲那樣高明的醫生。

人類最大痛苦，就是有滿腹悲怨無處申訴；人類最大不幸，就是有滿室友伴無法相容；人要在感情的道路上跨出很踏實的步伐，聽別人訴苦，有時比自己訴苦，會得到更大無形的酬賞。

馬丁路德高喊：「苦難啊，來吧！你若不把我吃掉，我便會吃掉你，使我滋補得更健壯。」人活在世上都會遭遇苦難，我們若要幫忙別人清除苦難，第一個步驟：就是聽他細訴！能付出愛心就是福，能消除煩惱就是慧。

生父母與養父母

《五燈全書》卷一百六：「百歲光陰少，春生秋復老；要透生死關，須明向大道。」人生短暫，如日駒過隙，在恍惚之間。要徹悟人生的意義，走向光明大道。

兩個養女，卻有兩種絕對不同的命運。

第一位養女，當她就讀一所私立大學四年級時，養父去世，養母又係她養父的續絃，她和養母相處得並不融洽，常常藉故返回親生父母家，但她每回家一次，就增加一次對養母的向心力，因為她親生父母太窮又太蠢，她再回想養母對她各種容忍，終於大徹大悟。大學畢業後，她就在養母多方奔走下順利出國深造，她除每年返國探視外，還經常用視頻聯絡養母，最令養母感動的，是她出國第一年，曾經寄給養母一封長信，其中一句：「我和您僅僅相處三年，但這三年來您給我的恩和愛，卻像三世紀那樣深長。」因此，她們母女的感情日益增進，不久前，這位風燭殘年的養母還隻身遠赴新大陸去演出動人的「母女會」哩！

第二位養女，高二時候，就知道自己不是養父母所生，雖然她明知養父母對她愛逾骨肉，然而，她一心想回親生父母的家裏，結果她回去了，只住了短短的二個多月，每天接觸的都是一個破碎支離的家庭。有一天晚上，她想得太多，就一夜發瘋，最後住進了淒涼的精神院。

這兩個案例，只給我們一個事實——愛，絕不能夾雜著煩惱，因為有煩惱就會有污染。命運掌握在自己手裏，命運靠自己去安排，命運更靠自己去創造。陶淵明名言：「未知明日事，余襟良以殫。」你能不奮力自強嗎？

養父母雖然不是親生的父母，然而，他們養育的恩惠，有時卻比親生的父母更為崇高偉大。有很多女孩子，覺得做養女，不夠體面，也不夠光彩，事實上，那是一種不正常的心理作祟。尤其，當妳父母因為生活困難，而把妳轉送別人撫養時，嚴格說，他們已經放棄了一個做父親或母親的責任，而妳一生的前途和幸福，係由另一對長者替你開拓出來的，「親恩自淺養恩深，人生貴在感激心」，妳能不稍存感激之心嗎？當然如果妳養父母把妳視若牛馬那又另當別論，我相信只要心純正的，不會養了妳，又毀了妳，人類畢竟是感情的動物。

情婦重色妻重情

《大方廣佛華嚴經》卷四十六：「貪愛所纏縛，諂曲壞正行。疑惑障慧眼，流轉諸邪道。」人要克服自己的私慾，不曲意逢迎不正之事，清白正直，察奸辨惡，始終保持頭腦清醒，才不會走上邪路。

當妳愛上一個男人以後，妳願意一輩子做他情婦，還是希望跟他結成夫婦呢？我相信每個人的答案都是一樣的，做人家妻子多好！

男人把女人分為兩大類，一類是「妻子型」、一類是「情婦型」。屬於妻子型女人，注重「賢慧」兩字，屬於情婦型女人，則注重「刺激」兩字，刺激就是要有誘惑力和風騷勁，要夠味，火辣辣地似一團火，可以燃燒男人，也可以燃燒自己，最後可能把自己和男人統統燒死，憑添人間幾許風流韻事。

史家記載，楚國有一個男人娶了兩個女人，另外一個男人竟動起歪腦筋，先去勾引那個年紀大的，結果被臭罵一頓，轉而再去勾引那個年紀輕的，卻一拍即合。不久，丈夫去世，有人問那個曾勾引她們的男人，如是他的話，該討那一個女子為妻。男人毫不猶豫的說：「願討年紀大的為妻。」

「那就怪了，年紀大的曾罵過你，而年紀輕的，明明跟你有一腿，為什麼反而娶那個年紀大的為妻呢？」

「這你就不懂了，我娶妻子，就必須她能守身如玉，如果是別人的女人，只要夠刺激就可以了！」

人畢竟是自私的，一切多以私心為出發點。情婦和妻子完全是兩碼事，情婦只要具有挑逗性的媚力，妻子的條件就複雜多了，所謂「情婦重色妻重情」的道理就在這兒。倘若妳是一個好女子，妳當然不會心甘情願地任人擺佈，妳應該很明智地去尋求一個理想的歸宿。

這個社會有不少壞男人，他喜歡獵艷，可能對妳輕薄調戲，盡情蹂躪，最後毫不負責地把妳拋棄，縱使令你悲泣欲絕，也挽不回他對妳已死的心。這不能怪他薄情，只能怪妳寡思，人生的歷程險阻無比，妳要小心自處，與其做人家打情罵俏的情婦，不如心安理得地做人家妻子吧！

三種可惡的男人

《續傳燈錄》卷二十五：「落葉知流水，歸雲識舊峰。」經過生活磨鍊的人，才能真正體會到真誠的愛情與友誼的價值和意義。

林太太雖然丈夫經營輪船業務發了大財，但她始終保持著省吃節用的習慣，她愛她的丈夫，更愛她的子女，每天她總站在門口送她丈夫上班，接她兒子放學，她望著他們的背影嘴角很自然會浮起幾絲滿足的微笑。她的丈夫對她既溫存又體貼，她的的確確擁有太多美好的回憶。

直到有一天，她發現了一個可怕的事實，她才把這個美夢跌得碎碎的，原來她的丈夫不但有外遇，而且在外面還生了一個已經四歲的男孩，這個消息簡直使她無法接受，也不敢相信。她恨她丈夫，更恨她自己，丈夫昔日的虛情假意，像一陣寒流貫穿她心靈的深處，她獨坐金碧輝煌的大客廳裏，不禁想起李商隱的名句：「縱使有花兼有月，可堪無酒又無人。」這時她突然好像想通了什麼事似的，於是，她大大地改變過去儉樸的作風，過起奢侈的生活，她自己也買一輛新穎別緻的紅色小轎車，每天按時到她丈夫經營的公司查賬。

世界上有三種丈夫是最可怕也最可惡的男人：

第一種是矯情做作的丈夫：表面上很愛他妻子，實質上無惡不作，妻子被她騙得心花怒放，最後才苦得心枯花落。

第二種是演技取勝的丈夫：他在人前是一張臉孔，在人後又是一副尊容，別人都以為他很疼妻子，實質上她妻子的身心滿是瘡痕。因為他所有動作都是做給別人看的。

第三種是陰奉陽違的丈夫：妳交辦的事情他是滿口答應，但最後妳才發現他開給妳的是一張永不兌現的支票，乍看起來他是百依百順，實質上他是一個最不負責的男人。

如果丈夫是以上三種中之一種，妳要儘早拆穿他的西洋鏡，一分鐘都不必容忍或隱瞞事實，「物腐而後蟲生」，妳可以原諒他，但一定要讓他知道妳很瞭解他的為人，使他及時回頭是岸，以免導致婚姻一發不可收拾的潛伏性危機。

「妾」命薄似紙

《大方廣佛華嚴經》卷五十九：「正念為寶器，然彼耀世燈。」具有正確的思想和人生信念，即是照亮人生航路的燈塔。

「妾」在家庭中一直處於低微的地位，在社會上也得不到合法的保障。但是有很多女人，卻願意做人家「細姨」，過著偷偷摸摸、或者抬不起頭的日子，她不是「傻」，而是「癡」，她也不是「賤」，而是「孽」，她不但付出「青絲偷剪結郎心」的癡情，而且肩負「藏頭掩面隨郎去」的孽債，好端端地把自己命運交在別人手上，這不是蠢不可及的事情嗎？

宋朝玉瓊奴，早年父喪母死，偷生苟活，遂流落為趙奉常家侍妾，初時瓊小心下氣，盡得內外歡心，後來遭小人嫉妒，進讒於大婦，致日遭鞭策辱罵，使她痛不欲生，後王平甫憐其身世，為她作歌，盛傳於後世。

一個女人做人家小妾，不僅自己痛苦，同時也給別人帶來痛苦，遇到能夠容納下妳的大婦，也許會和妳相安無事，不過，這種情況是例外的例外，照常理說，一般女人都會吃醋，不希望在寧靜的家庭中多一個多餘的人，妳奪去了她的丈夫，搶走了她的愛情，妳能怪她恨你入骨嗎？

人同此心，如果妳是大婦，又該怎麼辦？

「妾」，這兒把它當作姨太太解釋，也就是本省人所謂的細姨，誰願意扮演這個角色？說也奇怪，願意屈居這種身份的女人，也大有人在。

元代文人關漢卿得意忘形，想再娶一個小偏房，關夫人馬上寫了一首「戒夫」詩曰：「聞君偷看美人圖，不是關羽大丈夫，金屋若將阿嬌貯，與君打破醋葫蘆。」所以，丈夫娶妾，太太吃醋，也是理所當然事情，即使妳願意「委屈求全」，但誰又願意「雨露均霑」呢？

今天，社會風氣有很大轉變，然而，從婚姻制度來看，對男人娶妾一事仍然永難苟同，社會既然不允許男人娶妾，那妳做人家的妾，豈不已經註定了一生的厄運嗎？但願天下聰明的賢女子，都能夠愛護自己，做一個體面的人。妳們可以終身不嫁，又何必做一個名不正言不順的女人。

媽！我恨您

《孟子・盡心下》：「身不行道，不行於妻子。」即自己不按照道辦事，連妻子兒女都不會聽信你的。

台灣老電影「秋決」，敘述一個老祖母過份溺愛其孫子，致使這個不長進的孫子最後走上斷頭台。

這和清朝鄒弢所寫的「劇盜」一文極為類同，該文男主角陳阿尖為劇盜後，也因犯案太多，被官府判處死刑，行刑時，他懇請母親再讓他吃一次奶，母親憐惜兒子，不疑有他，便掏出乳頭，誰知陳阿尖竟用力咬斷母親乳頭，且恨恨說：「媽，我恨您！」不錯，陳阿尖應該恨他母親，因為他母親養了他，但並沒有教他，他有這樣下場，母親能推卸責任嗎？

這和多年前台北市虎山雙屍命案的主兇藍××母親又同出一轍，以上這些女性本質上都是善良的，只是她太愛自己的子女，對於別人的子女卻沒有一點憐憫和愛心，她們出發點是純粹的自私，她們愛的定義是極端的狹窄，因此，別人不能諒解她，連她的子女也死不瞑目。

也許她的兇手兒子正抱頭嘶喊：——「媽，我恨您！我恨您！」

《默觚．學篇》：「身教親於言教。」一般來說，這種女性的教育水準偏低，可是有些受過良好教育的父母，有時也會做出令人不敢置信的事情。

盧梭在《愛彌兒》中就提出了一種新教育理想，他認為「教育的功能，應在啟發天然的力量，培育人類的稟賦，發展每一個人的天賦本能，與養成一個能在各種社會環境中，成為立身處世的有理性的人。」做母親的，就必須隨時給予子女良好的機會教育，使他懂，使他醒悟，使他珍惜有用的生命。

《覺鍐．懺悔文》：「吾人應懺悔。自無始以來，因妄想而造眾罪。顛倒身口意之業，冒犯無量之不善業。」

人的一生何其短暫，無論如何掙扎，也不過能生存八、九十年左右。為渡過無悔的一生而「拼命」，終究還不脫幾絲虛無之感。人活一世，別和現實過不去，別和自己過不去，才能過得心安理得，活得輕鬆快樂。

征服男人心態

《五燈會元》卷八：「風動心搖樹，雲生性起塵。若明今日事，昧卻本來人。」世俗之風會引起人心性的變化，正如有的人為了追求時興，做東施效顰之舉，反而失去了本來面目。

在母系社會裏，男人好像一個附屬品，任憑驅策，當年的山陰公主，淫恣無度，竟公然向皇帝弟弟索求面首三十名，吏部郎褚稽淵年輕貌俊，她竟指名要人，據史書記載：「淵為主迫，囚密室中，凡十日而意不稍屈，主不能耐，乃詈之曰：『公鬚眉如戟，何無丈夫氣乃爾！』」山陰公主無法無天的淫威，已足夠男人退避三舍。

「牛郎店」裡面的服務員都是男性，光顧的基本上都是有錢的女性。牛郎的工作就是陪人喝酒聊天，幫助客人釋放生活中的壓力。現在對女性進「牛郎店」的心理現象作分析如下：

一、報復慾燄：部份女性，平時受男性欺凌，一旦有「以牙還牙」的機會，恢復一點女性尊嚴，當然趨之若鶩，再說能以易得之收入，作補償性的支出，顯然是一種極為公平的交易，這種報復心理，增強了她難填的慾燄。

二、瓊宇春怨：一些少女或少婦，一旦淪為「黑市夫人」後，終日「思君不見君」，但見「陌上雙飛燕」，怎能不「漫天作雪飛」呢？本來一生荒唐，再多一點荒唐又算什麼？

三、紅杏飄絮：女性玉潔冰心的固多，但風騷成性的亦不在少數，當她被五光十色的社會誘惑下，尤其面對「良人不良」的刺激情況，她既不敢學「潘金蓮」的色膽，那只好找一個「查泰萊夫人的情人」。

四、今宵出遊：女人每當子夜孤獨擁時分，不免百感交集。能夠找個刺激場所，作些暫時性的生理或心理麻醉，如果她錢多，情慾衝動，找一個英俊小伙，結一次露水姻緣，豈不「兩全其美」——一是毫無糾葛，二是保密到家。

警方為了維護善良風俗，對於這種色情勾當決心從嚴取締。但不免為這批男侍抱屈，他們既被女性玩弄，還要坐牢思過，誰害了他們！

強暴應去勢

《五燈會元》卷六：「一片白雲橫谷口，幾多歸鳥盡迷巢。」比喻白雲障日雖一時，但也會使飛鳥迷途。在生活中，人們有時也難免被錯誤的思想引入歧途，但必須能發現偏差，立即糾正。

男性的「閹割焦慮」，女性的「羨慕陽具」，顯係男女心理不平衡的情緒表現，因此，保護男性健全的生殖器官，已成為男女潛意識中趨於一致的意願。

當男女兩性在成長的過程中，逐漸發現彼此生理結構的不同，最使女性羨慕的東西，就是男性突出的陽具部份，然而，陽具使男性製造生命，也毀滅生命。

古代的太監，都要經過去勢的手術，以防止他做出穢亂宮廷的醜事，很多人反對這種殘酷的刑罰，司馬遷因受視同閹割的腐刑，故寫給任少卿的信，坦承「詬莫大於宮刑」，使他「每念斯恥，汗未嘗不發背霑衣也」。「去勢」，「閹割」，「腐刑」，「宮刑」是四個不同的名詞，其性質卻大同小異。

一九八一年三月十九日美國奧克拉荷馬市眾議院通過懲罰強姦罪行的一項法案，該法案規定，選擇性的割掉強姦者的性器官，並以七十票對十票通過，交由參議院表決，一旦定案，將對女性的身體安全獲得更有力的保障，這正是人道精神戰勝反人道暴行的具體表現。

少數男人因一時性慾衝動，平白構成女性一輩子痛苦的遺憾，男人既然以其獨有的生殖器官，作為侵犯異性的暴力武器，倘割去這種禍根，也不失為一種公平的處分。尤其那些喪心病狂的男人，一次得逞，極可能繼續為害，量刑過輕，實不足發生嚇阻作用。

我國歷年強暴案件有增無減，政府雖已提高量刑的尺度，但法律條文中仍本儒家恕道的特質，因此無法戢止這種歪風的蔓延，故正本清源辦法，不如也訂一項類似去勢的律令，凡累犯者不妨亦給予腐刑處分，讓他內心永存悔疚的負荷，藉贖罪之心行德性之事。

一個人不能無我，而要愛己，不能像易卜生筆下那只洋蔥，層層剝開卻還找不出核心。深信對於那些麻木不仁的衣冠禽獸，處分越嚴，社會禍害減少越多。

順乎自然

《佛所行贊》說：「嘆息煙沖天，薰慧眼令暗。」即無謂的抱怨和嘆息，會使本來明亮聰慧的目光變得迷蒙暗淡；一個怒氣沖天的人，是很難有什麼明智之舉的。

草有忘憂草，花有長樂花，人也該有常歡的人嗎？像五柳先生那種忘懷得失的人，真的算是懂得歡渡一生的人嗎？

誰能無憂？誰能常樂？人生飽經憂患，歷劫愴楚，能夠忍傷挨苦，強作歡顏的人，實在為數不多。清代女曲作家、詞人吳藻那兩句「欲哭不成翻強笑，遣愁無奈學忘情」的詞意，並不是說她沒有煩惱，而是在「遣愁無奈」和「欲哭不成」的時候，才勉強展顯出她那做作的情態。嚴格說，這不是真樂，只算是苦中作樂，這種假樂，可能是更痛苦的樂。依據情緒原理，這種痛苦情緒應該讓它毫無保留地發洩出來，這樣才有益於身心的健康。

王女士說，她不幸嫁給一個比她小六歲的丈夫，他英俊，又能言善道，故極受女性青睞，最近竟背著她和一個女人在外賃屋同居，她常聽人勸告，丈夫的糊塗事，妻子最好不要當面拆穿，否則，他可能變本加厲；最後連這個家都棄之不顧，所以，她平日還表現得蠻不在乎樣子，實際上她經常暗地啜泣，她不知道該怎麼辦？

王女士的際遇殊值同情，可惜她運用的強忍方法卻有待商榷，一個男人已在外勾搭成姦，恐怕已不是強忍就能解決問題的，忍和讓，都應該有一個尺度，超越這個尺度，那就不是忍，也不是讓，而是不折不扣的弱者、和無能的人。

《郭嵩燾日記》中說：「柔之戒也以弱，剛之戒也以躁。」就是性格溫柔的人要防止懦弱，性格剛強的人要警惕急躁。一個人理應順乎自然原則，對感情作適度調節，否則，真的感情與假的感情就難以分辨。老實說，一個太情緒化的人，別人受不了，太世故化的人，自己熬不住，過份隱瞞感情的人，往往容易導致精神分裂症，一旦感情宣告崩潰，那不僅是亮紅燈訊號，可能也是群醫無策的。故人不要欺凌弱小，也不必委屈自己，應該做一個感情中和的人！

輕敲愛情之門

《十住經》卷五：「得船善巧善知水相，此終不遭大海水難。」凡事有正確的思想做行動指南，用靈活的方法對待具體問題，就能避免犯下錯誤。

愛情是嚴肅的，也是至尊的，當一份感情沒有成為愛情之前，應該很理智地作冷靜的分析，每一個人都有權利去獲得愛情，爭取愛情，不過，一個少女絕不能因為愛情而成為撲火的飛蛾。

法國文豪斯唐德爾（Stendhal）說：「戀愛剛一開始，只要有極渺茫的希望就很滿足。」所以，私心愛戀男人的女孩子，往往把自己灌醉而不自知。

一個開放的社會，人類講求的是主動積極的生活，愛情當然也不例外，因此，一個女孩子主動向異性表示欽慕之情，應該也是合乎邏輯的，不過，女性在沒有正式和男性接觸之前，至少先要考慮幾點：

一、他是否已經有很知交女友？當然誰都有資格加入競爭的行列，只要妳有足夠的條件，妳就可以擁有妳一切想獲得的東西。可是做人要維持一個基本原則，就是不要將快樂建築在別人痛苦的身上。

二、他是否已經留意到妳的心態？如果妳在他心目中還沒有一個存在的位置，妳最好採取比較自然方式去認識他，譬如早上設法製造有意或無意的機會去碰見他，日久彼此就會因見面次數增多而逐漸熟悉起來，妳千萬要摸清男人心理，他不喜歡送上門的東西，而卻喜歡玩那些「海底撈針」的玩意，越難得的愛情，他忍耐的持久力越趨強烈。

三、他是否有值得妳這樣癡迷的愛戀？外表結棍的男人，他的心靈未見得同樣結棍，幻想的愛情是出奇的甜美，妳可以編綴空中樓閣的綺夢，但絕不能在那兒停留太久，萬一妳不能得到他，妳應該當作是一場虛無渺茫的遐想。

邵飛飛曾經怨嘆，「風箏本是隨風信，莫怪絲絲線不牢」，愛情有如風箏，當一個少女沒有擠身這道玄關之前，我勸妳要處處小心提防，不要大膽地猛闖進去，最好多觀察一段時間，然後再輕輕去敲響那道愛情之門！

聖嚴法師說：「要能放下，才能提起。提放自如，是自在人。」

結婚如墳墓？

《淮南子・原道訓》：「釋大道而任小數，無以異於使蟹捕鼠，蟾蜍補蚤。」就是用小聰明去解釋大道理，無異於用螃蟹捕老鼠，讓癩蛤蟆捕跳蚤，都是無濟於事的。當一對夫婦婚姻瀕臨破碎邊緣時，許多比較敏感的人士就會扭曲事實作偏頗的結論：「結婚是一對天真的男女自己建築的墳場！」

結婚倘若是墳墓，為什麼會有那麼多人在那兒怡然自得地渡過他的一生？婚姻也許會替人帶來不少災難，但婚姻也是解決這些災難的惟一辦法，有人表示結婚僅是人類生理成熟的必然需求，其實，結婚對人類來說，心理上的安定感遠超出生理的需求慾。儘管有人說：「人因誤會而結合，人因瞭解而分離。」但我們也可以進一步的詮解「人因誤會而分離，人因瞭解而重合」。這從許多分居而重合的夫婦身上，就可以得到有力的佐證。

婚姻沒有人們想像的那樣美，也沒有人們想像的那樣醜，它是美醜融和一致的一闕生動交響曲，能夠震撼人心，牽引出生命的尊嚴和高貴感。

一個善於分析事理的人就會知道，很多應該結婚而沒有結婚的男女，其所以會心情惡劣，舉止乖謬，言詞尖酸，是因為他們體認到未婚人的苦惱，和已婚人的幸福，姑不論婚後會導致夫婦多少意外的挫折感，然而，那些意外的收穫已足夠包容這些挫折感而有餘。

王爾德（Wilde）以悲觀的語調說：「男人由於寂寞而結婚，女人是由好奇而結婚，最後雙方都失望。」這種語調固然有其根據，卻不如鮑佛埃爾（Beauvoir）說得更具真理性：「所謂結婚，乃是使男女超越其經濟和性結合的綜合利益，並不是以確保他們個人的幸福為目標。」我想夫婦只要能夠多次考慮到雙方的綜合利益，那麼許多固執己見的爭執均將歸向於零。

其實，結婚並不可怕，怕的是妳缺乏成熟的情緒，成熟的理性，和成熟的心靈，如果妳一切都很成熟，妳就能以成熟的思想和成熟的態度去處理周圍的人、事、物。夫婦之間重在「情到深處無怨尤」的感情，雙方倘能恩愛逾恆，小挫勝無吵，妳就不是坐在婚姻墳墓裏，而是在聆聽天宮的聖樂。

惡性行為

《五燈會元》卷五：「溪畔披砂徒自困，家中有寶速須還。」人生處世宜小心，出門在外，更應謹慎，千萬要注意防患於未然。

現代人很敏感，多以「變態心理」來解釋社會上所發生的各種色情兇殺案件，事實上，這不是變態行為，而是惡性行為。

惡性行為成因甚多，社會惡性傳染為其主因，社會重大惡性猶如傳染病毒菌，很迅速地擴散滲入人體，麻醉人心，腐蝕人性，摧毀人腦，常使鮮血染紅社會舞台，彼此不敢信任，建設與破壞，在那兒交纏不清地重複上演。

《法句經》二一三說：「親密生憂，親密生不安。凡避離親密者，可免憂去不安。」誰是社會建設者？誰是社會破壞者？為什麼我們能容忍那些為非作歹的人繼續存在下去？這是縱容，還是妥協？這是寬恕、還是順從？這多麼值得我們從迷惘中去明辨是非、認識真理。

最近一而再地發生徵友慘禍，把神聖純潔的徵友通訊喜事，弄得愁雲密佈，備感遺憾。據新聞報導中年男導遊網路徵友，遭咖啡下藥迷昏，洗劫財物。疑似遭到姦殺的女子，被棄屍在台中市十一期重劃區內，屍體下半身裸露。

由以上兩案，均因交友不慎始有致之，這並不是徵友本質上有所不妥，而是這些不良青少年使原有真正的意義變質，他們不是在徵友，完全是利用徵友做幌子，來遂行他姦淫、洗財的邪念，這些犯罪的青少年，顯然是存心不良，蓄意犯罪，惡性重大。

解決社會犯罪問題，最好方法只有二種，一種是「感化教育」，一種是「以殺止殺」，如果「感化教育」無效，那就只好「以殺止殺」。

所謂「以殺止殺」者，意指「殺人罪犯」，惟一的刑律就是——死刑，不必寬恕，也無須寬恕，對於缺乏人性的惡棍，上帝和聖經對他發生不了什麼作用，惟有真槍實彈才是他最大剋星。大家可能都看過「鐵皮鼓」中一段名言：「世間不論是何等的聖潔，也有一些無法保持緘默的事情。」真的，對於這些惡性重大的暴行，你能三緘其口嗎？

馬前炮與馬後炮

《五燈會元》卷十一：「鶴冷移巢易，龍寒出洞難。」即使在同樣的環境之中，人們的處世態度也各有不同。大小各有便利，強弱各有優劣，小舟掉頭易，大船回頭難。

社會上有兩種人，一種是馬前炮，一種是馬後炮。馬前炮者，是料事如神，處事馬虎，在事情未發生前，他就發表了一大堆預測，結果不幸均被言中，可惜他明知會發生這種後果，但事先從不作任何防範的措施，事後卻在那兒狂吹叫囂。馬後炮者，是事前糊塗，事後精明，他事前並不知道會有什麼不幸，事後卻好像比誰都還精明，說穿了，這兩種人，都是不切實際的人。

每次颱風沒來時，就有人提出許多防颱辦法，這種提辦法的人，又可以歸為兩大類，一類是書生獻策，紙上談兵，只是說說罷了，因為本身並無實權。一類是當權派人物，他說得頭頭是道，結果因牽涉太廣，懶得費神，乾脆束之高閣。

於是，這兩類人，有說等於沒說，徒然多一點自我安慰感。

每次颱風過境後，很多專家都站出來講話，說什麼要加強防颱工作，儼然都是防颱第一流高手，可惜，在事前似乎一無所知，他的聰明智慧都是隨事情發生後被擠迫出來，這種人與其說是糊塗，不如說太善於裝腔作勢。有人說，事後能夠醒悟，總比那些永遠醒不過來的人要高明多，不知讀者以為然否？

社會上有很多事情，都像颱風一樣難以捉摸，馬前炮固然不太踏實，馬後炮當然更是於事無補，在人類活動的廣場裏，如果充滿了這種善打高空的人，恐怕將會影響整個社會的正常發展。

在這適存劣汰的社會裏，馬前炮的人惹人討厭，馬後炮的人也不受歡迎，我們認識問題，了解問題，處理問題，乃至解決問題，都必須用成熟態度和理性判斷，我們可以有創見，但絕不是譁眾取寵；我們可以有創舉，但絕不是標新立異；我們追求的是完美的社會，而不是空中樓閣的烏托邦世界。

蘇格拉底說過：「天予人以兩耳兩目，但只有一口，欲使其多見多聞而少說話。」就是天予人以兩手兩腳，但只有一口，欲使人多走多做而少說話！

英雄末路

《莊子・齊物論》：「且有大覺者而後知其大夢也，而愚者自以為覺，竊竊然知之。」以夢來比喻人生，早已有之，理想與現實同樣會有距離，人們何妨用自己的人生去努力縮短其距離呢？

自古英雄有三尅：窮、病、女人。一個窮得活不下去的英雄，有時不免給人「英雄氣短」的感覺，當英雄走到末路時，都會愁緒轉濃。像蓋世豪傑楚霸王，還不是一樣地「帳前滴盡英雄淚」呢？

英雄也有傷心時，那種「拔佩劍、舞宮廷」的慷慨高歌時分，又能留給他幾許幽深的懷思？

英雄的出身不同，性質迥異，有人在戰場上屢建奇功，有人在帝王側運籌帷幄，有人在體壇上大顯神威。不過，運動員的「運動壽命」和歌星的「歌唱壽命」幾乎是一樣的短促，像戴資穎、李智凱、郭婞淳、陳偉殷等那樣享譽日隆的運動名人，實在為數微乎其微，這些活躍在運動場上的風雲人物隨後多轉到其他行業服務，譬如教書、經商、從政，或者從事寫作生涯等等，大體上，他們很少幹一輩子運動員，除開命短，否則體力問題會逼著他，向現實投降。

近年，台灣運動風氣相當盛行，運動員也普受社會人士尊敬，因此，運動人才輩出，也替中華民國爭取了不少榮耀，可惜得很，有部份傑出運動員，卻慘遭許多不幸際遇，世事多變，令人曷勝「浮生夢一場」的哀憤。

在台灣的體育教育制度中，許多練體育的選手在升學的過程中，只專注於體育專長，對於自己專長以外的學科知識不聞不問。長久下來，許多選手除打球之外，什麼都不會，這是一件非常可怕的事情。

當我們為檯面上的運動員歡呼鼓勵的同時，也別忘了思考台灣體育教育制度的缺失及改進方向，而選手們在專長之外，也別忘了充實自己，增加體育之外的競爭力。

英雄總有潦倒的時刻，社會應該對於這些曾經有過優異表現的運動員，給予更多的關懷與禮遇，用我們的愛心，去幫助他們擦亮蒙塵已久的光澤。

生存本能

《五燈全書》卷一百十九：「處處逢舊路，頭頭達故鄉。本來成現事，何必待思量。」一條條大路通羅馬，人生只要有志氣就無絕路。天生我才必有用，錦鏽前程腳下走。

一位殘障的中學生，用兩根拐杖，從忠孝東路左邊飛奔到右邊去，姿勢輕快美妙，儼若一個訓練有素的短跑健將，使人深感人類確有適應環境的生存本能。「生」是對宇宙萬物的讚禮，也是對死亡的抗拒，自殺的人，不是最傻，就是最有勇氣，每個人當一息猶溫時，還會對永恆作積極的追尋。

曾經有一項貧民調查，訪問一家貧戶，發現他們全家十口都擠在一間小小的木屋內，父親是一個很沒出息的男人，而環伺他四周的子女，就像一群無助的蝗蟲在那兒展翼低飛，那個枯瘦的男人還不時伸出掌心輕撫依偎在身旁的一張迷惘的小臉，那不僅是一幅親情的動人畫面，而且顯示出強烈的生命賡續力。

印度是一個落後國家，終年天災瘟疫橫生，然而他們的子孫還不是世代一脈相承下去？我們原住民同胞，早年生活極為坎坷，結果卻練成強壯的軀體。古人說：「無以人滅天，無以故滅命，無以得殉名。」這就是真理，可惜有些人不懂得這些真理，因此他倒下去，背後還能聽到一大堆惡毒的諷言，這種自作孽的人，慣用成串的淚水和嘆息編綴著一個悲哀的生命。

那些因貪污案、詐騙案被判刑的人，大部份為人精靈，沒想到他會辜負上天好生之德，活得好好地，但卻活得不耐煩，竟一味猛向死亡墳頭亂撞，殊為識者所惋惜。人生原為一場劇烈的戰鬥，戰鼓永遠在我們耳膜中回響，我們不一定要做英雄，但我們也不能老做懦夫，每個人都有生存的本能，我們要將這種本能化作堅定的力量，不要糟蹋生命，野草比鮮花更具生命的耐力。

馬雲的六動說：

1. 關係靠走動。
2. 團隊靠活動。
3. 客戶靠感動。
4. 資金靠流動。
5. 生命靠運動。
6. 成功靠行動。

暴力下心理自衛

《五燈會元》卷十二：「一處有滯，自救難為。」比喻人一旦沾染上惡習，就難以自拔。

二〇二〇年八月下旬，一段名為「少女被多名男生侵犯」的影片在網路上流傳，內容可見被侵犯的女生不停掙扎、哭叫。據大陸河北省邢台公安機關表示，案件已偵破，涉案者全部都是未成年，均被拘提到案。

二〇二〇年九月，南投驚傳有男高中生涉嫌性侵同班女同學，時間長達二年，還拍不雅照，又被爆料曾恐嚇被害人「自己爸爸是警察」。

這真是人天共悲，神鬼齊憤的憾事，我們除呼籲治安單位應嚴懲暴徒外，就少女心理防衛方面作深入的研析。

不管將來社會的形態如何發展，在人口和色情的壓力下，這種案件仍會無法避免的發生，因此，生活在暴風圈的少女，必須有一套自處的全身辦法：

一、心理上的準備：當然誰都不希望發生這種災難，而且國家也有義務保障人民財產和身心的安全，不過，有時防不勝防，所以妳隨時在心理上要作好準備，萬一不幸事情降落妳的身上，最好能很機智的應付，即使橫遭屈辱，也無須自責過深，因為那不是妳的過錯，這不是妳的可恥，而是人性的可悲。

二、商議後再採取行動：當妳遭受襲擊時，一定要記住暴徒的特徵和標誌，把事實經過告訴最親信的長輩，或生命線等有關單位，以便採取下一個步驟。我們要設法制裁這種色狼，但不能衝動，也不要蠢動，貞操誠可貴，名節價更高，不要使自己的不幸遭遇，成為別人暢談的資料。馬上向治安機構報案固無不妥，但如能採取更技巧方式當為上策。

三、重創生命的春天：畢竟這是一個開放的社會，在暴力無法抗禦的情況下失去少女最值得驕傲的東西，儘管是「斷腸嗚咽不堪聞」，但徒然憂傷一生，不如再生信心，沒有長期的自咎能夠治癒心靈的瘡疤，只有堅忍的自強才會重燃幸福的曙光，沒有任何人能夠譴責妳因補償殘餘生命所作的態度轉變，妳不必懷疑，愛心是普遍根植在人類善良的心田裏。

群眾心理

《莊子．逍遙遊》：「定乎內外之分，辨乎榮辱之境，斯已矣。」人能冷靜地處理主觀與客觀、成功和失敗的關係，化被動為主動，將對自我完善具有重要作用。

群眾有三大重要特質：一是盲從性，二是感染力，三是女性化。因此，個人在團體中，往往被別人煽惑而參與某種暴動行為，可能從此失去自由身心，等到他覺醒過來，已經太晚了。

歷史上許多政治家或政客，慣於利用群眾的暗示作用，來遂行他政治的野心與企圖。群眾容易產生激奮情緒，可以使一座零下的冰山沸騰起來，結果所有人都將受到傷害，只有少數躲在幕後的操縱者卻安然無恙。

群眾與群眾之間，猶如一絲相牽的火種，只要有一頭被點燃起來，立刻會融成一團火海，最後大家都成觀火的人，何時燃起，何時熄滅，似乎都無關緊要，像伊朗事件就是一個鮮明的例子。

還記得多年前葡式蛋塔在台灣流行的盛況嗎？大街小巷開滿一間間葡式蛋塔店，卻在不久之後紛紛倒閉收店。而後興起的甜甜圈等熱潮一陣又一陣，流行時人潮絡繹不絕，熱潮退後店家關門。

在夜市看到一群人在那兒看熱鬧，一看原來是在廉賣包包，許多人只站在那兒呆看，也不知道心裏在想些什麼？冷靜地觀察他們，發現他們面無表情，兩眼發楞，好像大家都站在那兒，我怎麼捨得離開？所以，人潮一層圍著一層，竟變成人肉屏障，無疑是街景奇觀之一。

新聞報導也往往沿用類似的模式，眾多媒體把持「只求不漏、不求獨家」的心理，無不強化報導，重複放送。讓觀眾誤以為沒有其他更重要的事件可以報導。尤其網路上流行的事物，再經由媒體報導後，更加廣為人知，強化的一窩蜂盲從現象盛行。你我都是群眾中的一員，你我必須能夠「自我把持」，不要被誇張的暗示所感染，而成為沒有主見的盲從者，而成被別人利用的可憐蟲，所以，切記「世人皆醉，我要獨醒！」

愛護弱者

《五燈會元》卷十二：「造化無生物之心，而物物自成。雨露非潤物之意，而靈苗自榮。」的確，人生的價值在個人的進取，客觀條件只能使事物發生變化，或促使變化的產生，事物變化的根本原因還在於自己本身。

科學晉級，工業升段，人類生活日漸富裕，國與國之間距離更形縮短，因此，出國已很容易，人類關係也更加複雜和密切，你不僅要愛你自己的同胞，還要廣及世界所有不同種族的人類。

泰戈爾在這方面說得最生動：「我愛生命，我更愛真理，我愛國家，我更愛世界，我最愛人類。」我相信愛心渾厚的人，一定最愛人類。

《自說經》：「善人易行善，惡人難行善；惡人易行惡，善人難行惡。」一位中年婦人很細心地牽著一位殘廢的小男童過馬路，雖然不知道他們的關係，但敢肯定那個中年婦人是一位很有愛心的女性。

今天，人類知識已普遍提高，對人性間觀念也瞭解得更多，有些人根本沒有愛心，但卻裝得很有愛心，明明很厭惡這件事情，偏偏還矯揉做作，所以，真與假、誠與偽、好與壞，容易魚目混珠，混淆不清，造成錯誤的評估。

梁惠王要「以羊易牛釁鐘」的故事，大家都耳熟能詳，梁惠王這樣做，是因為「見其生，不忍見其死；聞其聲，不忍食其肉」，人是有愛心的，只是有些愛心使人捉摸不定，也莫測高深。有一位男性曾經跳水救人，但他在馬路上看到車禍受傷的人卻置之不理，你說他有愛心，抑或沒有愛心呢？

蒼鷹展翅，志在青天；大河奔流，志在東海。漫長的人生之路，真正的意義在於奉獻。愛護弱者，最能表現愛心，老人兒童要給他愛心，勞工農民要給他愛心，病患孕婦要給他愛心，失敗失意的人要給他愛心；窮途潦倒的人要給他愛心，比我們弱的人都要給他愛心，愛心要出自真誠，不要欺騙別人，更不能欺騙自己。只要心中有溫暖，走到哪都是陽光。

《大莊嚴經論》謂：「近有智之善友，身心內外皆清淨。此謂真實之大丈夫。」人常常浸濡於善裡頭，不知不覺中必然受感化。

奉獻愛心

《出曜經》卷十八：「莫輕小善，以為無福；水滴雖微，漸盈大器。」人們不要輕視做一兩件好事，以為不會有什麼作用。要知道事情雖小，日積月累堅持下去，必然積少成多，發揮作用。

歲暮冬至，風寒雨冷，獨坐暖和的斗室，遙念孤苦失依的人，內心不免滋生一份深切的懷思。

台灣人的愛心獲國際認證公益指數排名亞洲第一。例如「一九一九急難家庭救助計劃」透過各樣平台為需要的家庭提供溫飽、教育等需要，邀大家一同參與有意義的活動。

莎士比亞在「威尼斯商人」一劇中已告訴世人，人類可粗分為三大類，其中只有第三類的人才能犧牲一切去造福別人，只有這類人才能贏得愛情與尊榮。愛心是人類與生俱來的一種美德，也是仁道國家的施政張本，鬻子在九十歲輔佐文王時一再表示：「發政施仁謂之道，上下相親謂之和，不求而得謂之信。」鬻子這種「仁」的觀念和儒家思想完全不謀而合。「仁」是中國傳統的精神，「仁」的終極理想是愛的弘揚，外國也深受我國感染，而在這方面有很突出的表現。

像人稱「刈包吉」的廖榮吉，一九八五年過年期間開始款待街友，累計三十五年已辦二十四次愛心宴。居禮夫人終身「以人類的福祉為其努力目標」，法朗士也以「施捨財物給他人為其追求真正的幸福」，不錯，世間只有懂得施愛的人，才能獲得更多的愛。

積善之家必有餘慶，積德之人必有餘福。這個世界是一個混濁的世界，這個世紀是一個迷惘的世紀，但人類應該點燃希望的火炬，用罕有的愛心和溫情去奠定社會福利的基石，人活著不是為單一的個人，而是為廣大的眾人，當你滿眼看到的都是幸福的人群，你就會滿心有著充實的喜悅。

聖嚴法師說：「慈悲必春風化雨，智慧當日光普照。」天漸寒，年將屆，在自由的樂土上，仍然住著一些極待救濟的人，請發出愛的呼聲，請伸出愛的援手，普恩慈大，惠澤弱者，讓我們共同為人性的美感作最好的見證，讓我們傾力為「一九一九急難家庭救助計劃」共襄盛舉。

裸惑

《莊子・馬蹄》：「爭歸於利，不可止也。」人們都去追逐私利，枉顧道德，那麼貪婪之風是難以制止的。以私利去引導人們，損人利己的惡習就會氾濫成災，危害社會。

美國七十年代有很多怪異男士喜歡以裸跑來騷擾女性，而台灣卻有不少影歌星竟以裸肉來誘惑觀眾。

喜歡裸跑男士，多少有點裸露狂，當他衝動時，可能對異性展開不道德的襲擊，據報導，美國近年來各大學校園內，經常發生性犯罪案件，增加比率高達百分之五十以上，長此下去，怎能不讓美國佬憂心忡忡呢？

近年來，網路出現奇怪風潮，不少民眾時興在公共場所大拍裸照，自稱是藝術創作。雖然裸跑情況還絕無僅有，不過，性犯罪數字卻也與年俱增，考其原因，主要是受傳播工具的影響，尤其那些喜歡賣弄「性感的演員」，其大膽的色技，對青少年更含腐蝕性毒素。

第八藝術，是否應該犧牲色相，已成爭論不決的懸案，也難有適切的評斷，倘若那些「靠肉起家」的演藝人員，只懂得「裸露」，相信縱使一時浪得虛名，恐怕也很難長期保持票房紀錄。

由於各類賣座影片，多雜有一些色情鏡頭，致使影藝圈群起效尤，結果許多演藝人員不再「以技取勝」，而專門「以肉誘人」，名為「性感」，實為挑逗性的麻醉作用，使文化藝術蒙受到莫大的屈辱與貶損。

我們祖先最值得驕傲的精神遺產，就是莊嚴、含蓄和聖潔的情操，不料現在竟開始變質，變得離譜，變得連自己都不敢全信，古人常說：「待人欲寬，論人欲盡。」所以，不管批評外國朋友，或者忠告自己同胞，我們都要把脈命相，暢所欲言，我們目的只有一個：「請把閣下滿身癡肉裹起來吧！」

世界上裸肉如果真的能夠絕對引人入勝，那麼，人類就不可能發明「衣裳蔽體」，肉體固然有時能發生視覺上的滿足感，但這也不能一概而論，線條美不是在所有人身上都能夠找到的，與其自我出醜，不如自我藏拙。馬援曾言：「畫虎不成，反類犬也。」聰明的裸肉主義者，何苦呢？

兩老缺伴

《大薩遮尼乾子所說經》卷四：「父母恩重，至心孝養猶不能報，何況棄捨違逆教命。是名世間最大劫賊。」

子女均在國外成家立業，兩個老年夫婦在國內安度寂寞餘年，這種現象在目前台灣中、高階層家庭裏，情況特別嚴重。

他們常會有意無意間細訴子女在海外輝煌的成就，但也會隱約地對自己空虛生活表露無奈的抱怨，因此，他們驕傲的微笑裏面，實際上包藏著太多蒼白的迷惘，他們以虛榮與愛心把自己生命禁錮在枯乾的池塘裏。

這些老年人，從愛心觀點來看，他們有著很偉大的人格，他們寧忍自己的孤寂，來成全子女的壯志。但從虛榮觀點來看，他們也有著很可悲的性格，他們為著能炫耀他們子女的不同凡響，必須付出長期的淒苦，來滿足短暫的得色。嚴格說，這是所有老人都具有的一種正常心態，只是有些老人比較強烈而已。

兩個老夫婦，住在一棟空泛的大廈裏，那不是享受，而是無比殘酷的煎熬，那種單調缺乏變化的環境，很能帶給他們心靈上的壓迫感。這些老年人所帶給社會的困擾，更足以造成許多觀感上的不協調。

《大方便佛・報恩經》：「教養父母為百行之本。生時以教養為先，回報養育之力。死後以追孝為本，致力報恩。」現在社會每一角落普遍存在著一些老弱缺伴的現象，這種現象應該如何加以消除或改善，確實是一項很值得深究的問題。我們不希望摩斯（F.E. moss）所描寫美國老人療養院那種「太老、多病、絕壞」（too old too sick too bad）的慘況，浸染到台灣完美的倫理社會。

兩老缺伴，對社會可以產生下列三大影響力：

一、影響傳統的孝道。二、影響社會善良風氣。三、影響老人身心健康。

老年人猶如小孩，小孩既需親人照顧，老人更需親人照顧。台灣社會畢竟不像西方國家社會，外國人可以不管他們父母，我們怎忍心棄父母於不顧？故健全社會或家庭組織，應該從奉養老年父母著手，儘管外國養老院辦得如何成功，但永遠趕不上天倫歡聚的樂趣，在道德淪喪的今天，發揚國粹正是時候！

百聞不如一見

「百聞不如一見」，即聽別人述說千百遍，不如親眼看一次來得真確。語出《漢書・卷六九・趙充國傳》：充國曰：「百聞不如一見，兵難逾度，臣願馳至金城，圖上方略。」

《佛所行贊》卷一：「不見真實義，內心不歡悅。」在傳說中，夏威夷海灘上，遍地都是一絲不掛的美女，人們信以為真，結果到了檀島才大失所望。

年幼時常聽人說，紐約是世界上最髒的城市，沒去紐約前，滿腦裏總覺得這個大城市，一定是垃圾王國，結果去了以後才曉得紐約街道比起那些落後國家要整潔美觀多了。

常聽說黃山風景如畫，去了以後，讓人深刻體會到「五嶽歸來不看山，黃山歸來不看嶽。」這句話的情境。那如水墨畫般的黃山，確實名不虛傳。

以前每次聽到南部岡山地名，就很容易聯想到「岡山最後一輛列車」的電影，因此，好想去看看岡山的廬山真面目，後來到了岡山，始覺得它倒有點像賈力古柏在「日正當中」和匪徒火併的那個小鎮，沒有特別出色的地方。

溪頭、野柳、佛光山、澄清湖，在我沒去以前，想像中不過如此。但去了幾趟，卻狂熱地愛上這些地方。一個沒有去過的地方，憑想像或傳說都是靠不住的。同樣的一樁事情，只道聽塗說，實不足採信。

不久前，本想去採訪一位在她工作崗位上很有成就的女性，我不認識她，只聽別人告訴我，她長得很醜，個性又怪。當她答應我採訪但拒絕拍照時，我立刻想像到，她大概是一個極醜且性格孤僻的女人，拒絕拍照是理所當然的。最後我約她見面，想當面說服她。意外的，發現她既健談，氣質也清新脫俗，可見傳說是多麼不可輕信，所謂「不經一事，不長一智」，不失為至理名言。

《五燈會元》卷八：「一人傳虛，萬人傳實。」人的本性喜歡誇大，又喜歡傳話，許多事情經過誇大的傳話，導致變質和失實的誤會，故我們待人處事，務必客觀冷靜，對沒有見過的事物，不要妄加評斷，對見過的事物，也要細心印證，做人的基本原則，是追求真理，認識真理，而且接受真理。

裝飾品

《鐔津文集》卷一：「水多得其同則深為河海；土多得其同則積為山岳；大人多得其同則廣為道德。」積水成河，聚土成山。眾人的美德則可形成影響社會的道德風範。

鋼琴是樂器中珍品，電腦係時代的寵兒，這兩件東西功用不同，價值有別，但有時卻成為家庭或辦公場所中的裝飾品，如同花瓶式的女人一樣耐人尋味。

在奢慾橫流的社會裏，物質文化的提高，使人類的虛榮感和好勝心也相對增強，有些死愛面子的父母，明知自己子女毫無音樂細胞，偏偏要逼他們去學一些藝術方面的玩意，以顯示他們與眾不同的教養，如果子女實在太不成材，只好在大客廳裏擺上一台名貴的鋼琴，以便讓親友知道自己家庭是充滿多少藝術的色彩和情調，結果鋼琴上沾滿了灰塵，但鋼琴裏面的鍵盤仍然嶄新地閃閃發光。

談到電腦，更是妙不可言。據說曾有一家員工不多的公司，其老闆為了趕時髦，也在辨公廳裏架裝了電腦機器，為此還特別聘僱了幾個高薪的職員，平日半點事情都沒有，只有每逢發薪津時候，才全部電腦作業，本來只要一天就可以清潔溜溜的工作，因為勞動電腦大人操作，可能他們技術不夠熟練，反而二三天才整理完畢，以致引起員工普遍的抱怨，於是這個形同擺場的電腦室，就這樣地不疾而終了。

培養音樂氣質是重要的，發揮自動化的工作效率更是切合實際需要的，然而，這兩者絕不是形式主義，而應該具有它實質的功能，人類的虛榮意識糟蹋了這兩件創新的革命性禮物，這種偏差的觀念和思想都有澄清的必要。

鋼琴和電腦不應把它當作單純的器具，要讓人類的智慧和才華在這種器具中反映出來，過去傳統的虛榮意識必須在尖端的時代要告一個結束，而愚人愚己的行為是不足掩飾自己醜陋的面目，這是理性的世紀，我們要在理性中保持冷靜和沉思，社會的美感靠眾人的力量，誰可以袖手旁觀？

古詩云：「抬頭看是滿天繁星，低頭看一顆星星都沒有。」凡人不但不肯呈現自己的醜陋，反而加以掩飾，真虛偽。

得失之間

《五燈會元》卷一百十二：「諸兄弟，天何高，地何平，潑天活路從人走，何用區區摸壁行。」天地人三者之中，以人為貴，路是人走出來的，錦繡前程是闖出來，不應因循所舊，畏縮不前。世間沒有絕對的事情，能夠淡泊名利，拋開一切得失的人，也許會在錯失中獲得一些意外的收穫……

以前常聽人家說「塞翁失馬」、「因禍得福」、「失就是得」、「給就是取」這種觀念模糊的話，簡直無法接受，現在才知道它含有很深刻的人生哲理，難怪在天才的人物中，哲學家的智商最為突出。

有一位劉小姐，和一位醫生相戀很深，這位風流醫生突然移情別戀，害她大病一場，當她生病時，這位醫生就結了婚，當她病癒時，這位醫生已得不治之症去世，她得到這個消息，沒有喜悅，也沒有痛苦，但竟豁然徹悟，變成一個很樂觀進取的女孩了。

我們不要把什麼東西都想得太美，太美的東西有時候就是不美，《周禮・考工記》：「石有時而泐，水有時以凝。」世間那有絕對的事情，能夠淡泊名利，拋開一切得失的人，也許他會在錯失中獲得一些意外的收穫。

還有一則故事，義大利青年傑米，很嚮往到一家著名的化學工廠服務，有一年這家工廠公開對外招考，他抱著志在必得的決心去應徵，結果不幸落榜，他很失望，但並不死心，每次經過工廠門前時均依戀不去。三個月後，這家工廠在一次不慎的試驗中爆炸，全廠員工傷亡過半，負責人湯比利倖免於難，他在極端困境中準備捲土重來，此時傑米寫了一封很感動的信給他，並申述自己意願，他表示可以不計薪酬、不辭勞苦地加入這個重建的行列，湯比利終於接見了他，也僱用了他，十三年後，傑米成了這家工廠的接棒人。

成功來自堅定的信心和積極的進取，當我們失去很多的時候，我們應該盡力把它全部埋葬，讓成熟的心靈再長滿串串成功的葡萄。受挫愈多的人，要化淚水為堅忍的內力，當敵人軟弱的時候，才能夠給他致命的一擊，不要衝動，也不能激動，要在「失」的際遇中，去尋找「得」的補償。

玫瑰園夢幻

《人天眼目》卷四：「解行分明珠走盤，未能透脫幾多難。如瓶注水無遺漏，隔海風光冷眼看。」世間事有分明，就如珠落玉盤，總有分別，好比水注瓶中無遺漏，只有頭腦清醒、心明如鏡，才能遠離憂患和災難。

很多人看過海納．格陵的名著《未曾允諾的玫瑰園》，這本書頁數不多，內容很豐碩，敘述一個女精神病患的悲哀故事，相當扣人心弦。在今天這個現實社會裏，也許正有著不少像書中女主角蒂柏拉一樣的淒慘。

蒂柏拉為了逃避現實的不安與痛苦，而躲入另一個幻想中的世界，因而呈現精神分裂的狀態。很多人都奢望在幻想世界中，可以擁有愛、和平，以及為所欲為的歡樂。然而，這僅僅是美好的幻想，因為世界永遠不會像玫瑰園那樣芬芳、美麗，而令人舒適。在這科技急速發展的工業社會裏，人類競爭過於劇烈，容易導致身心失卻平衡的傾向，倘若沒有適切的指引與輔導，可能造成終身的遺憾，身為父母的人，其任重道遠更可想而知。

這個世界，是一個複雜的世界；這群人類，是一群勾心鬥角的人類。當一個正直純樸的人，在這個世界遭受連串的挫折後，他極可能產生逃避和退縮的畏怯。於是，他浸沉在幻想的樂園裏，過他迷濛的一生，這不僅是他個人的不幸，也是整個社會的不幸。

心理學家發現，精神不健全的人有四種不同的情況表現：第一種是自我封閉，第二種是感情矛盾，第三種是感情失常，第四種是聯想失常。不論是那一種情況，都會使病人陷入孤絕與無助的徬徨，因此，個人心理的健康，才是幸福的保障。

在這怒潮洶湧的人海裏，稍有不慎，就會變成洩氣的皮球，永無風光的日子，縱使退縮到看不見陽光的陰暗角落，也獲不到心靈上的激勵與鼓舞。

克加爾德說過：「要回顧才能懂得生活；要向前才能生活。」所以，回顧只是對過去生活的檢討，向前才是對未來生活的展望，人生就是不斷的戰鬥，一個勇者絕不會躺在幻想的玫瑰園裏度其風雨煎熬的一生。

初航的水手

《五燈會元》卷六：「擲寶混沙中，識者天然異。」如果是真金，不會永遠埋沒於沙土之中，如果是人才，自有脫穎而出的日子。女性的社會地位，逐漸被這個時代所肯定，她可以扮演各種不同角色，扮演得維妙維肖，而且相當有成就感。

身懷絕技走四方，何愁天下不識君？當一個女人，踏進社會門檻開始，就已經在長期社會化過程中，學習成熟的理性與處世技巧，她的成功或失敗，全靠大家公正的評定，絕對沒有半點僥倖，凡奢存觀望心態的人，很難有實現的可能。

在蒼翠鬱茂的庭園裏，也許妳僅是一株微不足道的小草，然而，妳一樣有生命、有活力、有與生俱來的生存權利和戰鬥力量。就說一名水手吧，當他在岸上時，的確是人海中一粒小粟，不過，一旦他隨船遠航時刻，他又成為整條船裏不能缺少的舵手，雖然每條船上有很多水手，但他們都有著不同的工作指派與應該完成任務，經過他們同心協力的搏鬥，他們會越過每一個波浪，越過太多太多的險阻，最後他們仍然會越近他們所正想拋錨的港口。

女性做自己，不必比男人強，只需要做自己，喜歡自己，過自己的生活，《慾望城市》電影裡的一句話：「我愛你，但我更愛我自己。」這是新的女性主張跟意識，現在社會雖然以儒家社會為主，但大部分的女性，為了夢想勇於冒險，勇於挑戰。

《中阿含經》：「以爭止爭，不得止。唯忍，能止爭。此法乃真尊貴也。」

凱瑟琳約翰遜與另外兩名黑人女性在美國太空總署的勵志故事，最後拍成電影《NASA無名英雌》，電影曾獲奧斯卡金像獎最佳影片提名。

考門夫人研究侯鳥徙居的時候，發現牠比平時飛得高，主要原因是飛得高，才能看得遠，才能容易找準方向，也許妳現在正想展翼高飛，寄望妳也能飛得高，看得遠，目標一定先要找得準準的。

欲透徹了解對象物，除須仔細辨別它之外，還須將自己融入對象物之中，使見與被見一體化，才能竟其功。

整容或毀容

《大方廣佛華嚴經》卷一：「心常喜足。」人們只要知足就能獲得快樂和幸福。如果貪心，金山千座猶嫌少，知足，寒廬一間可高眠。

二十一世紀風水顛倒轉，影藝人員整容已司空見慣，現在部份名媛佳姬也跟著趕時髦。曾有一位知名度頗高的女士，不久前把單眼皮割成雙眼皮，因為割得太大，有點像金魚缸的大金魚，眼皮高翹，眼珠兀突；不但沒有增加美感，反而給人一種極不勻稱的感覺。

整容可以滿足一個人的虛榮感，幫助個人去爭取更多的讚譽或誇獎。不過，很多人忽略了整容可能帶來的反效果。當一個人走進美容院時，她能夠想到的就是如何讓外觀的缺陷得到補償，然而，很少考慮到整容失敗後慘痛的打擊。

過去我們已經發現，許多婦女因整容整去了她的天生麗質，她在整容前和整容後的確判若兩人，但那不是成功的收穫，而是成功裏面隱含的失敗。有些溫潤如玉的女性，卻因為整容，整得花容失色，失去了原有的丰姿和神韻，整個人都像變了樣子，不管變得很美或很醜，而她都已經不是原有真實的自我。

美不需誇張，也不需雕塑，惟一需要的是要有一股發自內涵美的力量，太大的整容，太濃的化粧，都會加速破壞美的藝術觀念。美需要靠真來襯托，愈屬樸素，愈顯榮美。塑膠花再好，也抵不過鮮花的生動秀麗，外型的美應與內在美相稱，單靠化粧和整容，這種美是不會持久，也不會出色的。

最高貴的美，是天然的美；最自然的美，是真實的美；美的形象，每人不同，不必去仿效別人，也不必去巧飾自己。整容的成功或失敗的比率我不敢確定，不過，我可以確定整容對絕大多數人來說，是多此一舉的。

大陸杭州富陽一名陳姓女子，禁不住服務人員推銷，陸續購買全身按摩、物理治療等，然而她每月薪水僅人民幣二五〇〇元，根本無力負擔，只好刷信用卡消費，最後欠下人民幣五十萬元（約新台幣二一五萬）的債務，讓丈夫淚崩。

整容官司，時有所聞，孫悟空整成豬八戒不太可能，豬八戒整成唐玄藏恐怕也沒有那麼容易，單眼皮割成雙眼皮，大概也美不到那兒去，何苦呢？

拿得起放得下

《五燈會元》卷九：「醜陋任君嫌，不掛雲霞色。」人要保持自己的人格、品性，不虛掩，不刻意追求外在的東西。美就在自然之中，在心靈之中。

宋朝時，有一位陳希夷修道者，有一天他遇到一位名叫錢若水的讀書人，覺得他仙風道骨，很適合出家修行，但不能決定是否收他為弟子，於是約他第二天再到華山，請一位道行更高的老僧——痲衣道者看看。錢若水依約前往，那位老僧仔細看過他後，靜默不語，過一陣子，才用灰燼在地上寫下「做不得」三個字，並緩緩說出一句話：「他是個能在急流中勇退的人。」老僧既然這麼說了，陳希夷就打消了收他為徒的念頭。不久之後，錢若水科舉高中，做到樞密院副使，一路平步青雲，仕途順遂。但他卻在四十歲時就辭官歸隱，應驗了當年老僧的話。後來故事「急流勇退」被用來比喻人於得意順遂時，及時隱退。

曾言：「在中國企業家通常沒有好下場。」的中國首富馬雲，宣佈辭去阿里巴巴董事局主席，並指定曾任職於美國上市公司的會計張勇為接班人。沒有人相信馬雲在五十四的英年會覺得很老，要找接班人。據馬雲表示，自己對教育的熱忱，到了這把年紀超於經商，所以他說不做生意，希望做老師。

物極必反，盛極必衰，太陽也有下山的時候。人生的高潮和低潮是相互接引的，猶如滄海中的波浪，一陣過後，必然有片刻的寧靜，有人在寧靜中找到生命的歇息，有人在繼續的波浪中淹沒了自己。逞強的人不會強的太久，好鬥的人總有受傷的時候，有不少人，想得很多，看得很遠，但卻做得很離譜。

郭子儀在功勛彪柄時悄然引退，史家對他極為推崇。張子房也在安邦定國之後飄然歸隱，史家對他評價更高。

現在做官的人，都比較有政治風度和責任感，不像過去抱著辦公桌死賴不走，像前副總統陳建仁卸任後，應中央研究院邀請回任中央研究院特聘研究員，投入學術研究。依據「卸任總統副總統禮遇條例」規定，若在卸任再任公職，將停止適用卸任副總統的相關禮遇，也就是，陳建仁會是中華民國第一位主動放棄卸任禮遇的副總統。

酗酒的女人

《出曜經》卷二十九：「人不守護心，為邪見所害。」

女人酗酒是很少自己抱著酒瓶在那兒狂飲，而是在眾多男人堆中「開懷暢飲」，最後當酒精在體內發生作用時，她就成了男人掌上的玩物。

報上刊載一位十八歲陳姓少女，在露攤喝酒，被灌醉後一絲不掛地躺在旅社裏，醒來時身旁多了四位昏睡的男人。一位黃姓女郎，因年紀較大，心情苦悶，經常和一個有婦之夫的男同事在一塊喝酒，結果她不僅是「借酒消愁愁更愁」，而且「酒入愁腸化作相思淚」，她就這樣意態消沉地和男同事發生了不可告人的事，這位男同事事後怕惹火燒身，就有意疏遠她，她在萬念俱灰下，幾乎毀掉了自己，幸賴有關單位救了她一條命，空餘相思恨！

女人喝酒一多，就不能自我控制，語言輕佻，舉止輕佻，甚至做出她平日沒有膽量做的事情，有時還借酒壯膽顯露那些禁忌的醜行，最後是醜化了自己，製造一些別人樂於聽聞的笑料。

女人喝酒務須記取下面幾個原則：

一、儘量不要在社交場所狂歡牛飲。

二、絕對不能跟人起哄。

三、保留酒量百分之三十至四十。

四、喝酒時仍須保持淑女應有的矜持與冷靜。

五、端杯淺飲時要提高自我約束的警覺性。

六、敬酒是一種禮貌，不必矯枉過正，也不必滴酒不沾。

七、喝酒萬萬不能酩酊大醉，如果因喝酒而斷送貞操，那簡直是自取滅亡。

八、喝酒不要好勝，喝贏了就是最大傻瓜。

九、女人喝酒切忌劃拳行酒令。

十、女人喝酒不要當眾載歌載舞。

《李白詩選》「且樂生前一杯酒，何須身後千載名」，這是男人自我安慰的話，妳能夠當真嗎？

「新種」丈夫

《續傳燈錄》卷十二：「空中飛鳥不知空是家鄉，水裏游魚忘卻水的性命。」人們常常「身在福中不知福」，等事物失去時才感到它的珍貴。

做妻子難，做丈夫更難。

丈夫分類一向甚多，但最近又有「新的品種上市」。那就是「暗淡丈夫」與「發紫丈夫」。

「暗淡丈夫」這個名詞很新鮮，我們不妨把它解釋為：「在光芒四射的妻子照耀下，顯得黯然失神的可憐丈夫。」因此，這一對夫婦，一定是「妻太能幹夫太弱」。今天這個社會上，這種妻子很多，這種丈夫也不少，尤其一些有頭有臉的女性，一旦成為風雲人物之後，對她丈夫不免產生鄙視心理，嚴重地影響了夫婦恩愛感情，甚至造成了婚變的導火線，實在值得重視。

此外，加拿大前總理杜魯道已分居的妻子瑪格麗特，在她所著的新書中，道盡風流艷事，大談藥物與性的各種關係，還大膽坦承她與演員傑克．尼柯遜最後一夜在一起時幾乎「整夜做愛」，這些文字出自總理下堂妻之筆，的確有點使人不敢置信，更不敢恭維。瑪格麗特過去很紅，紅得使當時已五十一歲的杜魯道，打破了他單身漢生活，沒想到這位「紅夫人」，離開了郎君之後，乾脆來一個釜底抽薪方法，把杜魯道整得滿臉發紫，而冠上了「發紫丈夫」雅號。

依情理說，一個女人，為了讓自己成名，不惜犧牲任何代價，或出賣別人清譽與人格尊嚴，簡直是一種齷齪、衝動及寡廉鮮恥的行為。

「暗淡丈夫」與「發紫丈夫」，都是處於挨打的地位，前者是因為妻子太風光，使他處處吃鱉，後者是因為妻子太風流，使他處處吃虧，所以，男人娶妻，平實就是福。

聖嚴法師說：「肯定這個世界是不完美的，有『及時雨』，也有『暴風雨』，便不會過份期待完美了。」

當前的夫婦，如能夫敬愛妻子、尊重妻子人格；妻子對丈夫心懷親切，用語輕柔、誠實，必然財源廣進，家庭和樂。

女性最宜寫作

中國歷史上有三大聖人，男聖人是獨尊孔子，女聖人由班婕妤和班昭分享。這兩位傑出女性之所以被推崇為聖人，除品性高潔外，最主要是有著述名聲。

班婕妤的怨歌行和自悼賦，詞美意深，流麗動人。班昭更是博學高才，續《漢書》、《東征賦》、《女誡》，揚名後世，炳耀千秋。

時下不少女性，憂患餘生，吟事逐廢，徒步朱淑貞那股「卻嘆流水琴中意，難向人前取次彈」的不遇知音的怨艾，那又有什麼用處呢？社會上很少會同情弱者，妳必須成為一個強人，化憂憤為力量，化懦弱為剛強，不妨集中精力，投注在寫作的領域裏，也許有一天妳也會熬出一點名氣，女性從事寫作有百益而無一害，願述其詳：

一、**打發時間**：有些女性一生遭遇不幸，與其懷抱「人間幾許傷心事，不向空門無處消」的悲痛，不如靜下心來，好好讀書，好好寫作，把自己空餘時間，發揮在有益的事功上。

二、增加收入：不管目前稿費多麼低廉，但發表一篇文章，多少總有一點微薄收入，積少成多，對於家庭、對於自己均不無少補。

三、建立自信：一個人最怕自己瞧不起自己，如果自己發現還有一點用處，就會自我振作起來，別人對妳也會另眼看待。

四、提高聲價：有很多名作家，讀書不多，但有很高寫作天份，因此，在社會上也有她一席之地。當年她沒有從事寫作時，也不知道自己有寫作天才，一直到成名，才被人發掘出這塊瑰寶，妳也許就跟她一樣，妳能不好好珍惜嗎？

五、創造命運：最平常的人最富有，命運是靠自己去創造，而寫作就是創造命運的最好捷徑，妳能放棄這個機會？

《經集》：「底淺小川，潺潺流；滿水之河，靜靜流。」

世界是一個玄妙的舞臺，到處都是寫作的題材，妳或她都可能是一個有希望的作家，不要跟他人比高比低，只要自己盡心盡力。假如妳願意去嘗試，妳將會成功的，不信，妳試試看！

性變態人

《佛所行贊》卷三：「縱情不順法，今苦後無歡。」人如果放鬆自己的私情而不顧及法規，就有如玩火者自焚的道理一樣，會給以後帶來無盡的災難。

二〇二〇年三月三十一日，新北市三重有一名女子，下午六時搭乘七〇四公車，遭到隔壁座男子摸臀騷擾，旁近的正義哥看不下去出聲制止，男子在捷運三和國中站落跑下車。

新聞報導中亦常有「公車色狼出沒，男子緊貼熟睡女學生」，「公車色狼亂摸日藉辣妹」，「『你幹嘛碰我啦』女乘客吼趕公車狼」等報導。

從幾個案例，可以得到鮮明概念，一個性變態人，可能是妙年潔白、風姿都美的年輕人，也可能是濃眉皓髮，衣冠甚偉的老頭翁，換句話說，性變態人不是屬於某一固定的特定人。

這些女孩子在公共場所，尤其在公車上，常常遭人輕侮，有的是忍氣吞聲地逆來順受，有的是怒髮衝冠地惡言相向，其實這些方法都非上策，像這些無恥的性變態人，妳處理時應該格外謹慎。

王道焜說：「眼要亮，亮不吃虧；口要謹，謹不惹禍；氣要平，平不執拘。」所以，當妳碰上這種倒霉事，最好如下方式解決：

一、怒目相視：讓它發生嚇阻作用，以免他再有得寸進尺的慾念。

二、點到為止：稍微知趣的人，都會「知難而退」不會再存非份之想。

三、薄施懲戒：當他對妳非禮時，妳可用自己的手、腕、腳，或身體其他部位，向對方作輕微的撞碰，以提醒對方的自覺性。

四、輕聲重語：妳千萬不能惡言指責，這樣很容易引起對方老羞成怒，甚至使妳下不了場。妳不如用輕聲講重話的方式來教化對方，使他自知理虧而對妳產生歉意。

五、送警究辦：當然在情況相當嚴重時，就不得不這樣做了，不過，這是萬不得已的，我們還是存心厚道，給他一條生路吧！

智慧並不是通曉經典，而是要有「隨機應變」的巧妙心智。

性感的尺度

《大方廣佛華嚴經》卷一：「歡喜愛重，勤修不倦。」就是要我們保持達觀的人生態度，自愛自重，勤修其身，樂此不疲。

已逝俄國裔美國戲劇與電影演員尤勃連納，禿頭曾經風靡一時，至今仍為人津津所樂道。瑪麗蓮夢露的突出三圍，亦為眾多男士夢寐探尋的焦點。假如王祖賢的性感是眼神，范冰冰的性感是紅唇，周子瑜的性感是玉腿，那麼，維吾爾族的迪麗熱巴的性感一定是鼻梁。

性感沒有固定標準，最公正的裁判也打不出最準確的分數。有人從「點」來鑑賞，有人從「面」來評定，瘦感的人稱為骨感，肥感的人稱為肉感，骨感和肉感均屬性感，由於大家欣賞角度不同，神馳焦點互異，最後的結論自然有很大差距。性感不是美，但它比美更有刺激力和誘惑性。

從女性性感到男性性感，其間有很大變化，世上沒有絕對性感的男人或女人。不過，有些女性為了展示性感的胴體，往往有出人意表的暴露，別人欣賞她也好，不欣賞她也罷，她永遠是一個煙視媚行，風情萬種的麗人。

人們吃飽了飯，就會想些新奇的花招，成立於二〇一二年，「讓日本更加光明之會」這個議員聯盟的參加條件只有一個——只接收禿頭的議員。因此，好事者也給這個議員聯盟起了一個愛稱「禿頭俱樂部」。

每次聚合大家都不忘互相拿各自的禿頭開玩笑。看到禿頭議員們如此開心，不少還沒來得及掉頭髮的議員也開始踴躍報名。這至少說明禿頭也是一種性感象徵，這證實尤勃連納的性感頭銜得來也非易事。

有一位名女士說，有一個很醜男人，你只要跟他多談兩句，你就發現他有驚人的性感魅力，這無形道破男人聲調和神情也是性感的象徵。既然性感定義如此廣寬，你和我，也許都蠻性感，只是沒被發掘而已。

《四十二章經》：「例如磨鏡去垢，使其明亮，能清楚看見自己形貌一般，能斷慾守空，即能獲真道、知宿命。」自古迄今，性感人一籮筐，也沒聽過性感人絕對比別人幸福，因此，你不必刻意求其性感，一切還是順乎自然的好。

人類的自辱

《五燈會元》卷二：「善惡二根，皆因心有。」善良和邪惡的行為，往往都是受人的思想所支配。

工業技術升段結果，人類犯罪技術也跟著進步，而精神病狀況也跟著升段了。在這個社會裏，每個人都顯得精力旺盛，但也都在精力旺盛中卻顯出透支感，大家表面上都生活得春風得意，暗地裏竟是烏雲密佈，了無生機。

台大宅王張彥文，要求女友復合被拒，當街拿出預先準備的鈦鋼刀，朝女友狂砍四十七刀致死，還親吻死者下體「告別」，甚至說出凌晨四時四十四分驚醒，見「0444」得到殺人神諭，殘忍的犯行震驚社會。

這正說明每個人多在迷惑中喪失自我，很難肯定「自我價值」，更不懂「自我接納」的理論，當然無法建立「自我形象」（Seif image）了。

有一天中午，因為走錯一條巷子，發現高級住宅區有一間精雅咖啡屋及一棟豪華理髮廳，於是信步走了進去，當我甫坐定，就看到這間咖啡屋設有很多電動玩具，而且還有一扇邊門和緊鄰理髮廳互通，我心想有的是時間，不妨到隔壁去理個頭髮，不料我跨進理髮廳，卻觸目驚心，春色盎然，那根本不是理髮廳，而是「按摩院」。沒有一個人在那兒理髮，大家都衣冠楚楚地平躺在椅子上，作激動的撫觸。我無可奈何地返回咖啡屋，想想還是喝杯咖啡的好，這時候我始覺察到來這兒喝咖啡的，絕大部份年輕人。他們不是喝完咖啡去「理髮」，就是理完髮才過來喝咖啡，我真猜不透，他們那來這樣多大把鈔票？

固然我們不能用上例來確認今天青年人生活的糜爛，然而，我確信這種情況並非絕無僅有。大家在緊張的生活狀態下，找一些輕鬆的調劑，本是人之常情，不過，這種肉慾的享受，卻隱含著犯罪的意識，和毀滅性的自辱。

顯然地，工業愈進步，社會愈發達，人類心理愈不平衡。心理學家艾考芙（arkoff）認為適應心理健康的方法有五點：一是自我洞察，二是自我認同，三是自我接納，四是自我尊重，五是自我開放。

事實上，人類也唯有能夠尋回自我，人類才能過著愉快的健康生活。

處人的中道

釋尊說：「若無相欠，怎會相見。伸手需要一瞬間，牽手卻要很多年。無論今生你遇見誰，他都是你生命該出現的人，絕非偶然。」

人際關係雖常困擾我們，卻是社會生活中不可或缺的要素。

人與人間偶然會因誤解而絕交，這是最要不得的態度。和多數人交際時，不宜忘記自己；單獨一人時，亦不應忘記其他多數人，隨時保持不即不離的關係，有助維持良好的人際關係。

當然彼此親密些並無可厚非，唯應謹防過度親密也可能帶來禍患。尤以友人間的借貸，須格外留意。

西方有句諺語：「想失去好朋友，就借錢給他吧！」

所以，如果應允借錢給朋友，乾脆就抱著不打算要回來的心理。大體上，金錢極易招致糾紛，引起衝突。

《法句經》二一三說：「親密生憂，親密生不安。凡避離親密者，可免憂去不安。」和他人保持恰當距離，是處人的中道。

人們相互失和或產生摩擦時，常會衍生成冷戰狀態或惡語相向，更甚者還會大打出手，或背後設陷傷害對方。但不和之初，若能自我反省，不咎責他人，忍一時之氣，則不論對方態度如何，往往便能化干戈為玉帛，盡釋前嫌。

《優婆塞戒經》中說：「見人離壞，使其和合；揚他人之善，隱他人之惡。聞人之秘事莫傳揚。」萬一我們誠心誠意待人，對方卻相應不理時，你可抱著「去者不追，來者不拒」的態度泰然處之。

人類的慾望是無限的，過度自我膨脹趨於極限時，軟弱的人即會陷於精神官能症，好勝的人會變得歇斯底里，強氣的人會陷於偏執狂，遭受種種挫折。

欲避免此等症狀，應即拋棄過於我執的想法，醒悟到本來的自我，做個不被任何事拘束的、自由自在的自由人。

人各有性格，也各有長短處。我們應互相理解、互相肯定對方的異質性，尊重對方並朝互相共通的「大我」而努力，共享生的喜悅。

理性的批評

《大方廣佛華嚴經》卷五：「譬如有良臣，具知諸方藥，自疾不能救，多聞亦如是。譬如貧窮人，日夜數他寶，自無半錢分，多聞亦如是。」比喻人往往在事中迷，旁觀者清，救人難救已。

社會上錯用成語的例子很多，例如「空穴來風」，空穴是來風的條件，既能來風，必有空穴，指傳聞有一定根據。經常被誤用來表示毫無根據的事情。「首當其衝」，比喻最先受到攻擊或遭過災害。經常被誤用為衝鋒在前。

花蓮新開業一家葬儀社，祝賀的花圈中竟然也有寫著「鴻圖大展」、「開張駿發」、「欣欣向榮」等祝詞，難怪路人側目，不是味道。

理性是理智是思維的控制能力。一般指我們形成概念、進行判斷、分析、綜合、比較、進行推理、計算等方面的能力。社會中普遍存在著一些怪現象，很多人對某件事情不甚瞭解，然而，他卻敢作直覺和不合邏輯的批評。

很多駕車朋友批評台北交通紊亂，是汽機車數快速成長、速限紊亂、人行道環境低劣，相信事情並沒有那樣簡單，否則那些負責官員難道都是「傻瓜蛋」？

開明的政府，應該接受批評，但批評的人，也應該具備成熟的感情和成熟的思想，不要像前面祝詞一樣，隨便亂套，結果目的還沒有達到，就惹出許多笑話或非議。用自己的主觀意志去辦事、治國，就好比讓人步行下海開挖通道；讓蚊子背起大山一樣。如果只憑主觀意願辦事，結果也必然是難以如願的。

《澤庵・不動智》：「面對一株樹，觀察其中的一枚紅葉，則漏見了其餘的葉子。然不去凝注一枚葉子，只是無心地瀏覽一株樹，則全部葉子盡入眼簾。」真理沒有絕對的極限，人對世界的認識也不是恆定不變的。只是由於人們各執己見，才有了各種界限、分別。由於人們看問題的出發點不同，對問題的認識也不同。

黑格爾的絕對理性思想固失偏頗，但理性思潮在現代社會裏仍有其深遠的存在價值，我們日常分析一樁問題，處理一件事情，在感情中必須含有理性的成份，當別人有對不起我時，必然反躬自省：是否也有值得檢討的地方？

重建價值觀念

《莊子・秋水》：「井蛙不可以語海者，拘於虛也；夏蟲不可以語於冰者，篤於時也。」比喻井底之蛙不能理解大海的浩瀚，是由於受到生活空間的限制；生存於夏天的蟲類也不會了解冰雪的世界，是因為被其生存時間所限制。即人們的主觀世界不能不受到客觀環境的制約。

電視係大眾傳播的有力工作，理應以高度的靈性表現出精神文明的道德和情操。但因電視受商業化影響，致使許多節目因遷就廠商，呈現水準偏低的趨勢。雖然大家一再疾呼提高電視節目製作水準，但始終未見提出具體有效對策。

電視節目面臨強大的網路節目競爭，由於傳統電視頻道主要製作收入六成來自廣告，四成來自授權。授權費用在全國費率定有上限的情況下，難以再增加收入，廣告收入則在良莠不齊的視頻網站競爭下，不斷失血。

若要鼓勵資金投入優質節目製作，就應該要建立一個「免費看基本和公共頻道、花錢看商業優質頻道」的共識，考慮在分組付費的架構下，放寬收費上限，再輔導建立合理的網站收視率調查機制。

頻道最多、收費最低，台灣有線電視生態獨步全球，為何台灣電視媒體在自由競爭下，仍一台比一台難看？上百家提供服務的有線電視系統業與提供內容的頻道商，背後是誰在掌控生殺大權？

每一個人對一件事物的認定和評估都不一樣，我們必須用極其冷靜的態度和思考的定力，去建立合理的價值系統。過去錯誤或偏頗的觀念，都有待澄清和勇於承認。這個社會交互影響的層面太廣，我們必須重視自然資源、時間資源、思想資源、人力資源，最最重要的是價值資源。因為正確的價值觀念，才能導引正確的方向。袁枚說：「辦事貴有定見，不貴有成見。」確實是一針見血。

世上的人們都知道去追求自己尚未懂得的事，卻不知道去分析研究自己已經懂得的事；都知道去批評自己認為不好的東西，而不知道否定自己已經肯定的事物，因此，引起思想認識的混亂。人們對社會的認識，對事物的理解是不斷深入的。敢於不斷否定自我的人，才能有所創新。

天才與早熟

《大方廣佛華嚴經》卷三十六：「譬如猛盛火，焚燒一切物。無草木聚落，火則自然滅。」凡事好比火燒要有可燃物一樣，事情的發展、變化，往往要具備必要的條件。遇事要查其因果，辨其緣由。

神童，又稱聖童、奇童、天童、資優兒童，是對才賦優異兒童的一種稱呼，所謂「有特稟異質、迥越倫萃，歧嶷兆於襁褓，穎悟發於齠齡」「識洞於未萌，智表於先見，心計足以成務，口辨足以解紛」。

很多人都是善於製造氣氛的「天才發明家」，當一個天才出現後，什麼相關的天才問題都糾纏不清的推出，大家都以「天才專家」的姿態，說些「天才的話」，結果，天才問題還沒能妥善解決，自己已躍登「天才人物」的寶座。

在傳統的社會裏，早對天才兒童有過另眼看待的觀念，往往構成天才兒童心理上的嚴重衝突與威脅，天才兒童也是人，對於一個身心尚未成熟的孩子，我們不應該給予太多的負荷跟壓力。中國當代文學大家、畫家木心先生曾言：「最高一層天才，是早熟而晚成的——不早熟，不是天才，但天才一定要晚成才好。有的晚而不成。」因為早熟的天才，通常會造成他另外不幸的傷害或挫折感，天才並不與成熟成絕對正比，有些天才甚至發生人為的夭折。

二〇一八年台灣一位被英國Mensa天才協會正式認為「智商高達一六〇以上的天才」的十三歲江璟亮，錄取美國紐約大學醫學系，成創校以來最年輕的大學生。大陸二〇〇九年有一名神童廖崴，年僅十三歲時就高分跳級到頂尖大學，還獲得當地企業贊助全額獎金和生活費，不料一年後成績卻滿江紅，面臨被退學的窘境，淪為笑柄。最後廖崴逃過退學命運，但仍被迫轉科系，並不再受到關注，一代神童就此殞落。

研究天才的專家倍克（baker）認為天才常暗示有一種「特權」的意味，而不合於教育上的真正原理。德克雷（B.R. Dreikurs）提出更堅定的警語，「天才不能保證成功，在許多方面，有時候也會帶來一些令人煩惱的問題」，所以社會對於天才人物應該關懷他、了解他、支助他，但絕不能給他太多心理壓力。

社會責任

《老子・二十章》：「人之可畏，不可不畏。」比喻大家都憂患的事，自己也要有所警惕。個人的感受有片面性；大家共同的感受，就具有普遍性了。

近來屢傳銀行界重大監守自盜，侵佔客戶存款案，已引起社會普遍的震驚與騷動。如華南銀行張秀米理財專員侵佔客戶款項一億一九八〇萬元；彰化銀行北台中分行林姓理專從二〇〇九起的十年半時，涉嫌挪用四位客戶資金，金額高達約六千三百萬。二〇二〇年農曆年前，金管會才剛罰永豐銀行、玉山銀行，同樣是理專挪用客戶資金情事，被處以各新台幣一千二百萬元的高額罰鍰，成為銀行法修正罰鍰上限後的首例。

個人在群眾中生活，難於自行其是，有的則安份守己，有的則「鋌而走險」，這種「鋌而走險」的辦法，可以佔許多便宜，因為混在群眾中「胡作非為」，所有道德或法律上的責任，都是大夥共負之，自己做出一些不堪的行為，卻毫無顧忌道德與法律上的責任，豈不令人興嘆！

在混濁的社會中，特立獨行之士，彌可珍貴，但特立獨行之士，也可分為兩種。一是能夠以自己的言行，影響群眾，此之謂「己欲立而立人，己欲達而達人」。此之謂「移風易俗，士大夫之責」，另一種是潔身自好，這種人處在混濁的環境中，雖能不為流俗所染污，卻也並不能轉移習俗，只是勉能自保而已。

我們經常感覺，目前好人事實上並不太少，然而惋惜的是，這種好人的存在，不能發生淨化社會的作用，自古隱士，是獨立而不遺世，正所謂身居朝市，而必在山林，可是這種隱法，有一個先決條件就是必須「解尊居卑」，如果自身所居的是高位，忝列士大夫之林，有移風易俗之責，也有移風易俗的力量，而坐視陵夷明知故昧，以好好先生自居，那便是「鄉愿」。

我國係自由民主國家，一向主張言論開放，任何問題，都可以攤出來討論。開放的社會，就會發生許多開放的事故，這些事故都可能導致大害，擠身高位的人，不要「放乎一己之私，自為之而忘天下之治忽」，應該多接近老百姓，多深入瞭解社會各階層的弊病，藉以對症下藥，俾能藥到病除。

幽雅音樂廳

《五燈會元》卷八：「朱實殞勁風，繁英落素秋。」比喻美好事物常無奈於惡劣的環境，令人頓生扼腕之嘆。世上總是有著許許多多的不完美，人生也難免有種種遺憾。

一個人在身心疲憊的時刻，不妨到幽雅的音樂廳去坐坐，不僅可以忘憂，而且可以培養良好的情操。同時，還可以沉思、懷古，或探索人生……

台灣現在咖啡廳的情調越來越高雅，裝璜也越來越華麗，只可惜座位卻越來越不舒適，播放的音樂和歌手的歌唱也越來越令人厭煩。《淮南子・說山訓》說：「瓠巴鼓瑟而淫魚出聽，伯牙鼓琴而駟馬仰秣。」足見好聽的音律本來是很能吸引別人的，不幸那些咖啡廳未能作妥善的安排，致使歌手唱出的歌曲，反而成了寧靜地帶中的噪音。

建議咖啡廳一定購買最舒適的沙發，播放最幽雅的樂曲，飲料的價錢可以稍貴，但絕對是一個高尚的休憩場所，沒有色情，沒有噪音，沒有非法的勾當，一切都是規規矩矩的純吃茶，應該使它成為大眾化的高級音樂咖啡廳。

台北目前豪華的西餐廳很多，不過，能夠讓大家餐後安享片刻舒暢寧靜的很少，像希爾頓大飯店的咖啡廳，像財神大酒店的咖啡屋，像凱撒大飯店的咖啡座，像其他很多大小飯店的附設餐飲室，或者形形色色的西餐廳、蜜蜂咖啡館，這些地方都適合談生意，大夥朋友一塊聚餐，倘若單獨一個人坐在那兒閉目沉思，就顯得有點格格不入。

我國作家高爾基在《深淵》一書中說：「以工作為樂，人生即樂園；以工作為義務，人生即地獄。」

社會風氣不斷改變，清幽的公共場所不多，大家終日忙碌，如果能夠在公餘之暇找個安寧地方休息一下，也不失為一個好去處。

歐陽修在秋聲賦中有兩句名言「百靈感其心，萬事勞其形」，一個人在身心疲憊的時刻，到這種幽雅的音樂廳去坐坐，不僅可以忘憂，而且可以培養良好的情操，因此，建議那些做生意的人，不妨開個高級的音樂咖啡廳。

公墓公園化

《重刻護法論題辭》：「蓋風氣隨世而遷故，為治者亦因時而馭變焉。」明示社會是在不斷向前發展的，當政者也應隨著時代的變化而採用不同的治世方法。一成不變的老腔調，是不會被社會接受的。

美國公墓下埋著三種不同的骨魂，第一種是將屍體直接埋入土中，第二種是將屍骨盛在棺木中入土，第三種是將陣亡官兵遺留下的兵籍、軍服、勳章等作象徵性地埋在土中。不管地下埋著什麼樣亡靈，美國公墓在原則上是儘量使其淨化與美化，碧草如茵、風光旖旎，遊客置身其間，多能淡忘死亡的悲哀，舉目四顧，逸趣橫飛。

台灣的公墓，多呈雜亂無章的殘景，荒煙蔓草，滿目淒愴，弔祭人一上墳頭，就觸景生情，悲從中來，稍有一點孝心和良知的人，莫不心懷內疚，一股複雜的情緒久久難以燙平。

二〇一九年十月台灣自行車登山王挑戰賽男子菁英組冠軍Anthon Charmig把台灣墳墓當成「龍椅」坐。三十日有網友在「爆笑公社」發文，並附上一張從LINE群組傳來的照片，此景讓網友們極為震驚……。

死人不能復活，生者把他安放在土裏，就是要安安穩穩地躺在另一個世界的泥土上，台灣人很重視入土為安的觀念，死人最好能夠埋葬在山明水秀的地方，假如民意代表有機會上美國公墓仔細考察，相信回來之後就會主張將「美式公墓技術」引進台灣。好的就有優點，優點就值得學習與仿效，我們不是媚外，而是取長補短，美國那種公墓，不但死人愛去，活人也愛去，有朝您靜坐公墓一旁，您會在淡淡幽思中升起縷縷的遐情，一對情侶漫步其間，也會陶然忘我。

列子天瑞篇說過：「人自生至終，大化有四：嬰孩也，少壯也，老耄也，死亡也。」所謂「彭祖愛永年，欲留不得住」，可見死亡是生命中不能避免的歷程，所以把公墓美化起來，使人「不知悅生，不知惡死」，那種境界不是更高嗎？要美化公墓，主要在使它達到公園水準，儘量綠化、淨化、現代化，使死者與生者毫無避諱地共享一份生死契交的感情生活。

庸俗的名人

《等目菩薩經》卷下：「順回身行，順回意行，身口意回，皆以備具，亦如彼四川之流而歸於海。」人要跟上時代潮流，自覺地按客觀規律辦事，不要反其道而行之，這樣有利於身心健康和個人的發展。

名人有兩種，一種是名至實歸，一種是浪得虛名。浪得虛名又分兩派，一派是藏頭縮尾派，一派是好醉成瘋派。藏頭縮尾派是把自己幽禁起來，儘量不與別人接觸，以免漏氣，成為神秘兮兮的人物。好醉成瘋派是裝瘋賣傻，迷糊度日，看似瘋狂，卻很清醒，不過，他有一套生存之道，經常出奇制勝，別人摸不清他的底細，連他自己也摸不清自己有多少重量，既然因風雲際會成了名，就應該亮出一點名家的段數與特質，否則有誰能對他另眼看待？

人一旦成了名，多受盛名之累，苦不堪言，尤其是時下一些演藝界名人，抗壓性和情緒控制能力要非常高，要能接受各式各樣的批評和毀謗，因為演藝圈競爭激烈，若你比較紅，常會有對手背後中傷。甚至記者媒體造謠生事或斷章取義，發布許多不實的新聞報導，都要坦然面對，不讓自己的自信心被打擊，說他有多苦就有多苦。

細數二〇二〇年，台灣不只年初開始肺炎肆虐，娛樂圈也不平靜，送別不少藝人，讓人不免唏嘘死亡總來得突然。演藝圈三月，「國標舞女王」劉真突然病逝，享年四十四歲；三金影帝吳朋奉在五月於家中猝逝，享年五十五年；「東區羅妹」羅霈穎八月於家中猝逝，沒有過六十大壽；小鬼黃鴻升九月驚傳在家中猝逝消息，不少人無法消化直呼「不敢相信」。

人進入了一個環境裏，就更了解那個環境裏的一切。面臨現實，也就不再幻想，於是許許多多實況把自己的幻想破滅了。俗話說：「看景不如聽景」我們了解這經驗的話，那麼在現實不如幻想好的環境裏，並不心灰意冷，而更努力當前，打破難關。這樣才能戰勝環境，使自己立於不敗的地位。

挪威名劇家易卜生說過：「人生的第一個責任就是對自己。」一個人連自律能力都沒有，名人頭銜掛在他的脖子上，豈不成為累贅的裝飾品？

輕生一劍知

《法句譬喻經》卷一：「如河駛流，往而不返，人命如是，逝者不還。」人生短暫，如水流逝而復返。時不我待，要惜時如金。佛家對於有限人生，無限宇宙的認識，頗具辯證色彩。

又是一年歲暮的除夕，遙思天涯未歸的親人，眼看一幅寒山碧色，宿鳥急飛的畫面，內心平添一份無奈的祝福。

數十年前，一位老友舉家遷居美國，臨行時一再苦勸：「台灣不久將可能有戰亂，你得趕快設法溜到國外來，我會全力幫你忙。」我當時心靜止水，不為所動，多年後在美國看到他，發現他已成為一個極其平凡的異鄉流浪漢，吃的、穿的、住的都不比我強，而台灣卻在安定繁榮中不斷進步，我真不知道他在美國又混到了什麼？

普萊斯特力（J. B. Pristley））有一段警語：「我們應該愛國，也要堅持把它一切缺點說出來。那些大聲嚷叫，徒托虛言的愛國者，係屬危險的份子，絕非善意的建議。」普氏的話很有建設性，愛國要有原則，也要堅守真理的陣營。

唐・劉長卿當年寫「獨立三邊靜，輕生一劍知」的詩句時，曾經把自己千丈豪氣融和在一股濃烈的愛國情操之中，縱使時人不能洞察到他滿腔愛國愛民的心境，但他隨身的寶劍該為他作最好的見證，我非常激賞他這句感情敦摯，沉雄悲壯的佳構，也對我一生有著很深刻的影響。

除夕，是一個年頭的終結，也是另一個年頭的開端，林則徐曾在有一年的除夕選定了佳婿沈葆楨，我們也可以把握今年的除夕得一個好吉兆。一個人如果長年滿懷那種「故鄉今夜思千里，霜鬢明朝又一年」的愁緒又有什麼用處？我們必須充滿「今年花勝去年紅，明年花紅將更好」的信心，讓自己在信心中萌出生命的衝力。

一年的除夕轉眼雲煙，我們要為自己希望開出保單，我們也更要為國家希望開出保單，今年我們是國泰民安，來年我們要民富國強，愛國是大家的責任，請以你的寸心來證實你堅貞的忠誠。

借口加班

《放光般若經》卷十一：「意常思念欲樂得聞終不遠離。」一個人不經常反省自己，清除雜念和貪圖享樂的想法，那麼這種錯誤的東西就會經常影響和干擾自身的進步。

一個人做任何事情，倘若用虛假理由來作掩飾和藉口時，日久之後，他的缺失必將敗露無疑，所謂「假金方用真金鍍，若是真金不鍍金」這兩句詩句，確含有極深的人生哲理。

加班在家庭預算是一項增加收入，提高生活水準的勞力額外支出的一項報酬，一般主婦，總認為讓丈夫加班賺錢，不失為鞏固家庭經濟的有效保障，不過，這種觀念往往會隨著丈夫加班的變質而帶來意外的災難。

有一位婦人，她的丈夫經常在晚上和假日加班，而且每次加班回來後，都會主動地交給妻子一疊加班後所得的鈔票，當妻子在點算花花綠綠的鈔票時，不由得不對辛勞的丈夫表現格外的體貼，丈夫在這種精神激勵下於是加班得更勤快。

直到有一天，債主登門索債，她才發現丈夫在外負債累累，而這些債都是她丈夫欠人家的賭債，此時，她恍然覺醒，知道過去丈夫所稱加班原來都加到賭場去，她心力交瘁，覺得有一種被愚弄的感覺，內心感到極度的悲憤與淒茫，而她個人的理想和對家庭的信念都在一夜之間蕩然無存，因此，她向丈夫提出了離婚的要求，使整個家庭的幸福瀕臨於一種破裂的邊緣。

當然，這位丈夫長期性的偽裝，是極不道德和極不忠實的行為，不過，有一件令人費解的，就是丈夫平日的行蹤，難道做妻子的會一無所知嗎？一個丈夫經常不斷加班，何以會不露一點破綻，這顯然是妻子的疏忽和欠理智的判斷。

老實說，除特殊情況外，今天國內企業單位很少有每天加班現象，外國機構更是少之又少，因此，當一個丈夫每天向妻子表示加班時，做妻子的就必須留意幾點：

一、**感情外流**：有些丈夫善藉加班口實專做感情走私的勾當，用美麗的謊言來製造他風流的韻事，這是家庭危險的訊號，你能不及早提高警覺嗎？

二、不當娛樂：我敢肯定說，一個經常逗留辦公廳不想回家的丈夫，充其量說他是一個很有事業心的男人，但絕不會是一個好丈夫。

這種男人，不是不關切這個家，就是正在追逐一些不正當歡場娛樂。事實擺在眼前，沒有一個公司行號會天天加班不完，即使有一個忙碌的旺季，也不可能終年加班不停，再忙的機構，都不會把人當作機器，這是不能不注意的地方。

三、荒唐刺激：有些丈夫因妻子管得太嚴，只好借用加班名義，在外過著金迷紙醉的生活。有一位男性天天泡在舞廳裏，妻子還以為他在辦公廳加班，等到他和舞女同居生了一個兒子，她才惡夢初醒，這是多麼不可思議的事情。

加班，是一件正當的事情，丈夫加班有時也是情非得已，妳不必為丈夫加班感到大驚小怪，不過，你也不能對丈夫加班漠不關心，凡事處理得當，就會避免許多無妄之災。

騷斯說：「忠實的人很少，我們通常所見的忠實，是一種用以吸引別人信心的巧妙偽詐。」

MEMO

點燃光明燈

編　　著｜謝　伯　峯
責任編輯｜艾　力　克

發 行 人｜蔡　森　明
出 版 者｜大展出版社有限公司
社　　址｜台北市北投區（石牌）致遠一路2段12巷1號
電　　話｜(02) 28236031・28236033・28233123
傳　　真｜(02) 28272069
郵政劃撥｜01669551
網　　址｜www.dah-jaan.com.tw
E-mail｜service@dah-jaan.com.tw
登 記 證｜局版臺業字第2171號

承 印 者｜傳興印刷有限公司
裝　　訂｜佳昇興業有限公司
排 版 者｜千兵企業有限公司
初版1刷｜2023年9月

定　　價｜250元

點燃光明燈／謝伯峯　編著
—初版—臺北市，大展出版社有限公司，2023.09
面；21公分—（心靈雅集；85）
ISBN 978-985-346-429-7　(平裝)
1.CST：人生哲學　2.CST：生活指導
191.9　　　　　　　　112012649